敎養
교양 의자

일러두기

외래어 표기는 국립국어원 규정을 따르는 것을 원칙으로 했으나
용례가 굳어진 경우에는 통용되는 표기를 따랐습니다.

이 책에 실린 도판 중 일부는 디자인하우스에서 발행하는
〈디자인〉〈행복이 가득한 집〉 등의 잡지와 디자인하우스에서 촬영한 이미지를 사용했습니다.
그 밖의 도판은 저작권자의 동의를 얻어 수록했지만, 일부는 저작권자를 찾지 못했습니다.
저작권자를 확인하는 대로 정식 동의 절차를 밟겠습니다.

이 도서의 국립중앙도서관 출판시도서목록(CIP)은
서지정보유통지원시스템 홈페이지(http://seoji.nl.go.kr)와
국가자료공동목록시스템(http://www.nl.go.kr/kolisnet)에서 이용하실 수 있습니다.
(CIP제어번호: CIP2018006121)

당신이
앉은

그 **의자**의
비밀

김신 지음

*design*house

contents

1장
왜 의자를 알아야 할까?

왜 의자일까?
014 사람과 함께 있을 때 비로소 행복한 물건
016 20세기 가구사의 주인공은 의자!
018 무한한 가능성의 물건, 의자
020 트렌드를 대변하는 상징물

의자의 역사는 꽤 오래되었다
024 신석기 시대에도 의자가 있었다?
026 이집트 파라오의 의자는 의자가 아니다
028 권위의 상징, 중세시대 의자
030 르네상스는 의자도 변화시켰다
032 산업혁명 이후, 의자의 민주화 시대

많고도 많은 의자의 종류
038 덱 체어
040 스툴
046 안락의자
048 윈저 체어
052 클럽 체어
054 디렉터스 체어
056 셰즈 롱그
062 라운지 체어
068 윙백 체어
070 아웃도어 체어
074 오피스 체어

2장
꼭 알고 싶은 20세기 이후의 의자와 디자이너

모더니스트 건축가와 의자

- 084 찰스 레니 매킨토시 '힐 하우스 체어'
- 086 마르셀 브로이어 '바실리 체어'
- 090 미스 반데어로에 '바르셀로나 체어'
- 092 르 코르뷔지에 'LC 시리즈'
- 094 장 프루베 '스탠다드 체어'
- 096 알바 알토 '파이미오 체어' '스툴 60'

세계 대전이 의자 디자인에 미친 영향

- 102 조지 넬슨 '마시멜로'
- 104 에로 사리넨 '움 체어' '튤립 체어'
- 106 찰스 & 레이 임스 '라 셰즈' 'DAR'
- 112 아르네 야콥센 '앤트 체어' '시리즈 세븐'
- 116 핀 율 '펠리컨'
- 118 폴 키에르홀름 'PK24' 'PK25'
- 120 한스 웨그너 'CH24' '라운드 체어'

풍요의 시대

- 124 로빈 데이 '폴리프롭'
- 126 카스틸리오니 형제 '메차드로' '셀라'
- 130 에로 아르니오 '볼 체어' '버블 체어'
- 132 조 콜롬보 '엘다' '튜브' '멀티 체어'
- 136 베르너 판톤 '판톤 체어' '콘 체어'

포스트모더니즘의 시작

- 142 로버트 벤투리 '퀸 앤 체어'
- 144 에토레 소트사스 '테오도라' '세지올리나'
- 150 알레산드로 멘디니 '프루스트'
- 154 가에타노 페세 '돈나 업'
- 156 이탈리아 밖의 포스트모더니즘 의자

슈퍼 디자이너 시대

- 162 프랭크 게리 '위글 체어'
- 164 필립 스탁 '라 마리' '루이 고스트'
- 168 론 아라드 '웰 템퍼드 체어'
- 170 재스퍼 모리슨 '에어 체어'
- 172 마크 뉴슨 '록히드 라운지'

3장
미처 몰랐던 이야기

의자를 만드는 회사들
- 178 모리스 상회
- 180 아르누보의 집
- 182 게브뤼더 토넷
- 184 빈 공방, 야콥 & 요제프 콘
- 186 캐비닛 메이커들
- 188 프리츠 한센
- 190 허먼 밀러
- 192 놀 인터내셔널
- 194 비트라
- 198 카시나
- 202 자노타
- 204 카르텔
- 206 B&B 이탈리아, 마지스, 카펠리니

대중매체에 등장한 의자
- 212 재력을 상징하는 의자
- 216 악당들의 의자
- 220 알몸으로 의자에 앉기
- 224 최고 권력자의 의자는 역시 남다르다
- 230 참으로 가혹한 의자들
- 234 '최후의 만찬' 속 의자

1장

왜 의자일까? 012　　　　　　　많고도 많은 의자의 종류　036
의자의 역사는 꽤 오래되었다　022

왜 의자를
알아야 할까?

왜
의자일까?

2006년 권위 있는 예술 전문 출판사 파이돈Phaidon이 시대를 초월한 디자인 명작을 꼽아 '디자인 클래식'을 발표했습니다. 디자인 역사가, 비평가, 큐레이터, 저널리스트, 건축가, 디자이너 등 디자인계 대표 '매의 눈'들이 선정한 999개의 '디자인 클래식' 중에서 가장 많이 선정된 아이템은 단연코 의자였죠. 무려 297개의 의자가 선정돼 29.7%를 차지했으니까요. 2위 조명의 77개, 3위 자동차의 54개와도 큰 차이를 보입니다. 왜 이토록 의자가 디자인에서 중요할까요? 우리는 왜 의자를 알아야 할까요?

사람과 함께 있을 때 비로소 행복한 물건

어느 공간에 들어서든 사람들은 의자를 찾아요. 본능적으로 '내가 있을 자리'를 마련하려는 거죠. 공간의 주인도 누군가 찾아오면 가장 먼저 앉을 자리를 마련해줍니다. 그것이 첫 번째 '대접'이라 생각하니까요. 당신이 앉을 의자가 없는 곳은 당신을 맞아들이는 공간이 아닙니다.

의자는 그곳에 앉는 사람과 같아요. 내 방과 사무실에 있는 의자뿐 아니라 공공장소에서도 내가 앉아 있는 동안 그 의자는 내 의자죠. 옷이나 신발처럼 몸에 붙어 있는 물건은 아니지만 의자는 매우 개인적인 사물입니다. 주인이 정해진 의자에는 함부로 앉지 않는 것만 봐도 알 수 있죠.

의자의 생김새를 잘 살펴보세요. 의자만큼 사람을 닮은 물건도 없다는 걸 알게 될 겁니다. 사람의 온몸을 받아내야 하는 의자에는 팔팔걸이과 다리, 등받이몸통, 좌석엉덩이, 그리고 목 받침대머리가 있죠.

빈 의자는 왠지 쓸쓸한 느낌을 줍니다. 의자는 사람과 함께 있을 때 비로소 행복한 물건이기 때문입니다.

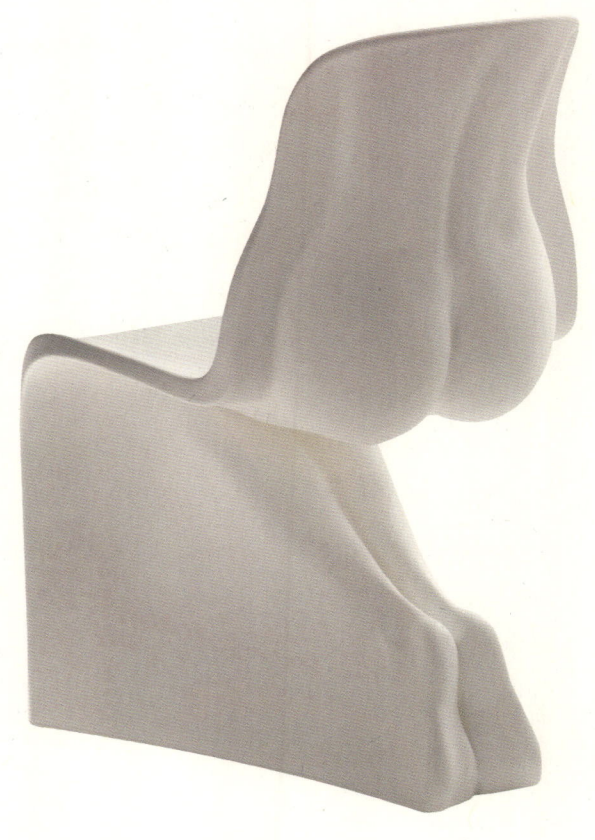

판톤 체어Panton Chair에 사람의 모습을 각인한 형태의 '힘 & 허Him & Her'.
파비오 노벰브레Fabio Novembre가 디자인했다.

20세기 가구사의 주인공은 의자!

산업혁명 이전에 가장 주목받은 건 캐비닛이었죠. 바로크* 시대부터 가구는 화려함의 극치를 치달았습니다. 바로크 스타일 탄생의 주역인 루이 14세는 장인들에게 "비용은 생각하지 말고 최고의 가구를 만들라"고 주문했어요. 극도로 사치스러운 가구로는 의자보다 캐비닛이 딱이었죠. 장식할 면이 크고 많으니까요. 장인들은 쓸 수 있는 기술과 재료를 다 끌어모아 캐비닛의 넓은 면을 치장했습니다.

그런데 20세기 들어 상황이 바뀌었어요. 모던 디자인**에서 장식은 죄악시되었고, 디자이너에게는 구조와 형태, 재료가 더 고민해야 할 대상이 되었습니다. 장식의 고민에서 자유로워지자 직육면체에서 크게 벗어날 수 없는 캐비닛보다 '여지가 많은' 의자가 가구의 중심이 되었고요. 의자는 구조적으로 다양한 실험이 가능할 뿐만 아니라 재료면에서도 유연하니까요. '20세기 가구의 역사는 곧 의자의 역사'라는 말, 이제 이해되시나요?

---

* **바로크**
17세기~18세기에 걸쳐 유럽에서 유행한 예술 양식으로
풍부한 장식적 표현이 특징이다.

** **모던 디자인**
20세기를 대표하는 디자인 경향 중 하나.
19세기 장식 미술을 부정하는 것에서 출발해, 근대적인 생산방식과
기술, 재료에 적합한 양식을 추구했다.

18세기 초 존 바이필드John Byfield가 제작한 바로크 캐비닛. 말 그대로 화폭 같은 면을 가진 캐비닛이다.

18세기 중엽의 로코코 의자. 의자는 캐비닛보다 장식할 면이 훨씬 부족하다.

무한한 가능성의 물건, 의자

캐비닛이나 책장은 사각 박스에서 벗어나기 힘들어요. 침대 역시 사람이 누워야 하는 큰 면 때문에 변화의 여지가 별로 없죠. 그렇게 보면 디자인의 다양성에 있어 의자를 따라올 수 있는 건 없어 보입니다. 출발부터 다른 물건, 무한한 가능성의 물건이라고 할까요?

좀 자세히 들여다보죠. 다리 구조만 놓고 봐도 충분합니다. 와인 잔처럼 다리 하나로 지탱하는 것, 공중에 뜬 것처럼 보이는 캔틸레버* 형태, 사무용 의자처럼 다리 하나에서 5개의 발로 퍼지는 것, 다리로 지탱하는 게 아니라 건물 벽처럼 면으로 처리한 것, 아예 다리를 포기하고 공중에 매달리게 한 것…. 의자는 그 선택의 폭이 엄청 넓습니다.

재료는 또 어떤가요? 나무에서 시작해 합판, 강철, 알루미늄, 와이어, 플라스틱, 가죽, 천, 탄소 섬유**, 돌에 이르기까지 의자에는 자연과 인공의 모든 재료가 쓰이죠. 어떤 재료를 쓰느냐에 따라 의자는 전혀 다른 느낌과 매력을 가진 사물이 됩니다. 의자만큼 창조적 가능성이 고갈되지 않는 물건은 없을 겁니다. 이런 이유로 의자는 디자이너의 창의성을 가늠하는 가장 좋은 아이템이기도 하죠.

---

* **캔틸레버**
한쪽 끝은 고정되고 다른 끝은 받치지 않은
상태의 보.

** **탄소 섬유**
아크릴 섬유, 피치 섬유, 레이온 섬유, 리그닌 섬유
따위를 800~1800°C에서 구워 만든 섬유.

H. V. 타덴의 합판 의자.

안토니오 치테리오가 디자인한 비트라의 사무용 의자.

트렌드를 대변하는 상징물

이렇게 의자가 가진 창조적 가능성은 많은 건축가와 디자이너를 의자에 도전하게 만들었습니다. 특히 혁신적인 건축가들은 디자인 이념을 펼칠 수 있는 결정체로 의자를 선택했죠. 그런데 대체 왜 의자였을까요?

건축은 지구의 중력에 맞서 위에서 내리누르는 힘을 견뎌야 합니다. 자유로운 창조를 간섭하고 방해하는 이 제약이야말로 오히려 건축을 더욱 신비로운 예술로 승화시키죠.

의자도 마찬가지예요. 앉는 사람의 무게와 압력을 견뎌야 하는 물건으로, 구조와 형태, 재료에 이르기까지 거대한 건축의 축소판이죠. 건축가 르 코르뷔지에는 자신이 주장한 '기계로서의 집'에 의자를 설비 개념으로 들여놓았어요. 그가 디자인한 의자는 차가운 기계의 모습이었죠. 포스트모더니즘*의 주창자 로버트 벤투리는 자신의 건축처럼 의자에도 역사적 양식을 빌려다 썼죠. 19세기 영국의 퀸 앤 양식**을 빌려온 퀸 앤 체어Queen Anne Chair처럼 말이에요. 의자가 그 시대의 트렌드를 대변하는 상징물인 이유, 바로 여기에 있습니다.

---

* **포스트모더니즘**
탈근대 또는 근대 이후라는 의미를 지닌, 2차 세계대전 이후의 문화 예술 경향. 기능주의에 반대하거나 그로부터 벗어난 움직임을 보이는 경향이 모두 해당한다. 팝 디자인, 역사주의, 안티 디자인 등이 이에 속한다.

** **퀸 앤 양식**
영국의 앤 여왕 시대(1702~1714)의 양식으로 네덜란드의 영향을 받아 발달했다. 우아하면서도 경쾌한 곡선이 특징이다.

장식을 배제한 '기계로서의 집'을 주장한 르 코르뷔지에의 LC2 그랑 콩포르Grand Confort.
그의 건축처럼 차가운 기계의 모습 그대로다.

'기계로서의 집'이라는 이념이 구현된 르 코르뷔지에의 집합 주택.

의자의 역사는 꽤 오래되었다

의자는 근대의 산물처럼 보입니다. 특히 좌식 문화에 익숙한 동양인에게는 더욱 그렇죠. 실제로 20세기 이전으로 돌아가면 유럽과 북미인을 제외한 대부분의 사람들은 의자 없이 생활했어요. 최근까지 인류는 움직이지 않을 때 세 가지 자세를 취했습니다. 서 있는 것, 누워 있는 것, 쪼그려 앉는 것. 그다음 가끔 돌이나 쓰러진 나무 같은 자연물 위에 앉았고요. 이는 의자 없이도 살아가는 데 전혀 불편함이 없다는 뜻이죠. 그럼에도 의자의 역사가 꽤 오래되었다는 게 흥미롭네요. 왜 쓸모없는 의자가 태어났을까요?

신석기 시대에도 의자가 있었다?

인류 역사에서 가장 오래된 의자는 실물로는 존재하지 않아요. 다만 토우 속에서 발견될 뿐이죠. 신석기 시대의 것으로 추정되는 여성 토우가 있는데, 놀랍게도 등받이가 있고 다리가 4개 달린 의자에 눕듯이 앉아 있어요. 아마도 그 여성은 모계사회에서 지위가 높은 사람이었을 겁니다. 인류 최초의 도시 문명으로 추정되는 터키의 차탈회위크Catalhuyuk: 기원전 7000년~5000년경 유적지에서도 의자에 앉은 여성 조각이 발견되었죠. 이 여성은 양옆에 동물을 거느리고 의자에 당당하게 앉아 있어요. 아마도 당시 사람들이 모신 여신으로 추측됩니다. 토우 속 여성들은 공통적으로 의자에 앉는 특권을 누렸어요. 신석기 시대, 그리고 인류가 막 문명을 일으키던 시기에 의자란 오직 한 사람, 공동체와 도시를 대표하고 다스리는 사람만이 소유하고 앉을 수 있었죠. 비교적 최근까지 대부분의 사람들은 끊임없이 이동하고 사냥하고 쉴 새 없이 몸을 움직여 일해야 했고요. 일하지 않고 몸을 한곳에 가만히 둘 수 있는 사람은 우두머리뿐이었죠. 의자란 그런 지위를 가진 자의 심볼입니다. 따라서 당시 의자란 결코 실용적인 물건이 아니었을 겁니다. 오직 우두머리의 권위를 나타내는 상징적 구실만 했을 뿐이죠. 가구가 생기기 훨씬 전부터 의자가 있었다는 사실이 이를 뒷받침합니다.

기원전 7000년~5000년경 인류 최초의 도시 문명으로 추정되는
차탈회위크 유적지에서는 의자에 앉은 여성 조각이 발견되었다.

이집트 파라오의 의자는 의자가 아니다

고대 이집트 유물 중 파라오의 의자는 유독 화려합니다. 가구라기보다 조각품에 가깝죠. 피라미드가 그랬듯이 의자 전체는 황금으로 덮여 있고, 앞쪽 두 모서리에는 사자 얼굴이, 4개의 다리 끝에는 사자 발이 조각되어 있어요. 사자가 파라오를 지킨다는 뜻으로 읽히죠. 넓은 등받이에는 파라오 부부의 모습을 생생하고 정교하게 묘사해놓았습니다. 이 등받이는 앉는 사람의 후광 같은 역할을 하죠.

고대 이집트에선 파라오뿐만 아니라 귀족에게까지 의자가 보급되었습니다. 파라오의 의자가 귀족의 것보다 더 권위적이고 우월해 보여야 함은 당연한 일이었죠. 파라오의 의자는 이름도 그냥 'Chair'가 아니라 'Throne 권좌/옥좌 또는 왕위/보위'라 불렸어요. 파라오가 이 옥좌에 앉는 것은 단순히 쉬는 것이 아니라 자신의 초월적 지위를 드러내는 것이었고요. 옥좌에 앉은 파라오를 묘사한 조각을 보면, 마치 각 잡고 앉은 군인처럼 매우 경직되어 있죠. 이 부자연스러운 자세는 조각 같은 의자와 함께 자신의 지위를 과시하는 듯합니다.

의자에 앉은 람세스 2세의 석상(좌)과 파라오의 의자(우).

권위의 상징, 중세시대 의자

중세에도 의자는 여전히 특별한 물건이자 권위의 상징이었죠. 귀족 집안의 가장이 앉는 의자는 그의 아내나 자식들의 의자와는 크기와 모양에서 구별되었습니다. 등받이가 높고 큰 가장의 의자는 붙박이장처럼 아예 벽에 붙어 있기도 했죠. 가장이 의자에 앉아 있는 한 그를 등 뒤에서 공격할 수 있는 사람은 아무도 없었을 겁니다.

식사를 할 때는 식탁을 가장의 붙박이 의자 앞으로 옮겨왔죠. 나머지 식구는 대개 등받이 없는 걸상(스툴)에 앉았어요. 등받이가 없으니 앞뒤 구분이 없고, 길쭉하니 여러 사람이 앉을 수 있는 걸상은 공유하는 물건이었죠. 지위나 권위의 상징과는 거리가 먼 실용의 물건이었어요. 누군가 그곳에 앉는다는 건 '그에게는 아무런 권리가 없다'는 걸 뜻했습니다.

남성의 권력과 지위를 상징하는 도구인 만큼 중세의 의자는 편안함이나 예술성과는 거리가 멀었어요. 사각 박스의 좌석에서 직사각형의 등받이가 높이 치솟아 오른, 뻣뻣하기 그지없는 모양이었습니다.

* 중세 고딕 양식
12세기에서 15세기 무렵까지 서유럽 각지에 널리 퍼진 미술 양식.
이 양식의 핵심을 이루는 것은 교회 건축인데, 높은 천장과
수직 첨탑에 아치 양식을 가미하고 크고 긴 창문을
아름다운 채색 유리로 꾸몄다.

중세 고딕 양식*의 의자. 보통 귀족 집안의 가장이 앉았다.

피터르 브뤼헐Pieter Bruegel의 그림 '농가의 혼례'에 등장하는 걸상.

르네상스는 의자도 변화시켰다

15세기 르네상스를 거치면서 가구도 눈부시게 발전했죠. 산업의 발전으로 큰 재산을 모은 유럽의 부자들은 최고 장인에게 가구를 주문해 집 안을 꾸미기 시작했거든요. 바로크와 로코코 시대에는 그 경쟁이 최고조에 이르러 역사상 가장 화려하고 사치스러운 의자가 태어났습니다. 이 시대의 장식주의는 몇 백 년 뒤에 태어난 모더니스트들에게 범죄로까지 폄하될 정도로 도가 좀 지나쳤죠. 하지만 경쟁은 발전을 낳는 법, 이 시대에는 안락의자뿐만 아니라 오늘날 볼 수 있는 다양한 종류의 의자가 태어나기도 했어요.

상류사회의 사교 문화는 과시적인 의자를 낳았죠. 의자는 편안하게 앉아서 대화를 나누는 기능적 구실뿐만 아니라 여성들의 아름다움을 돋보이게 해줬거든요. 신고전주의 예술가 자크 루이 다비드Jacques Louis David가 그린 '레카미에 부인 Madame Récamier'을 살펴볼까요? 그림 속 레카미에 부인은 긴 의자에 다리를 뻗고 앉아 있어요. 이 의자는 그림처럼 주로 여성이 혼자 편안하게, 그리고 요염하게 다리를 뻗고 옆으로 눕듯이 기대앉죠. 레카미에 체어라는 이름이 붙은 이런 긴 의자는 20세기에 셰즈 롱그Chaise Longue로 진화합니다.

레카미에 의자에서 진화한 셰즈 롱그. 1963년 제프리 하코트가 디자인했다.

자크 루이 다비드가 그린 '레카미에 부인'에 등장한 기대앉는 의자.

산업혁명 이후, 의자의 민주화 시대

산업화 시대가 되어서야 모든 사람들에게 공평하게 등받이 달린 의자가 보급되었죠. 그런데 그 역사에는 좀 서글픈 이야기가 담겨 있어요. 18세기부터 진행된 산업화는 수많은 장인들을 단순 노동자로 전락시켰습니다. 산업혁명 시기의 공장은 노동자에게 의자를 보급했고요. 20세기에 들어와 기계화가 더욱 눈부시게 발전하면서 몸을 움직여 일하는 노동자는 줄고, 의자에 앉아서 계산을 하거나 머리를 쓰는 정신 노동자가 급증했죠. 수많은 화이트칼라에게 의자가 필요한 것은 당연한 일이겠죠. 이로써 의자가 민주화되었습니다. 사무 노동자의 생산성을 높이려고 더 편안하고 우수한 의자가 개발됐고요. 산업화, 그리고 3차원 성형 합판*이나 합성수지** 같은 새로운 기술과 재료는 의자의 생산 시간과 단가를 떨어뜨렸죠. 부자가 아닌 이들도 유능한 디자이너가 디자인한 품질 좋은 의자를 소유할 수 있게 된 겁니다.

---

* **성형 합판**
접착제를 칠한 얇은 단판을 겹쳐 쌓고, 상온 또는 고주파 가열로 압착한 후 곡면 성형한 합판.

** **합성수지**
석유나 석탄, 천연가스 등의 유기화합물을 인위적으로 합성해 만든 것. 언제든 열을 가하면 변하고 식히면 굳어지는 열가소성 수지와 한 번 굳으면 그 형태를 유지하는 열경화성 수지가 있다.

옛날 사무용 의자.

이제 누구나 1만 원도 안 되는 가격으로 의자를 살 수 있어요. 사람이 있는 곳이라면 어디든 의자가 들어가죠. 사람이 태어나 학교에서 가장 먼저 배우는 것은 글자가 아니라 의자에 움직이지 않고 가만히 앉아 있는 거라더군요. 그 기술을 익힘으로써 아이들은 비로소 사회에 길들여지기 시작한답니다.

이제 사람들은 의자에 앉아서 쉬고 일하고 공부하고 먹고 마시고 잠자고 강의를 듣고 TV를 보고 영화와 공연을 관람하고 수다를 떨고 운전을 하고 이동을 하며, 심지어 섹스를 하고 죽음을 맞이하기도 합니다. 의자는 더 이상 특별한 물건이 아닙니다. 그릇과 옷, 칼, 숟가락 같은 인류의 온갖 도구는 쓸모라는 목적으로 태어나 점차 지위의 상징이라는 새로운 기능을 찾아가고 있어요. 이와 달리 의자는 단지 지위를 표시하는 상징물로 태어나 완전히 실용적인 물건으로 바뀐 독특한 사물입니다. 그래서 의자가 흥미로운 것일 테지요.

1963년 로빈 데이가 디자인한 '폴리프롭Polyprop'은
합성수지인 폴리프로필렌 소재로 만든 최초의 의자다.

많고도
많은
의자의 종류

'권력자만 가질 수 있는 물건'에서 해방되자 의자는 일상의 모든 곳을 차지하기 시작했죠. 밥 먹는 곳, 일하는 곳, 쉬는 곳, 사교 공간, 전쟁터, 야외, 해변, 배, 사형장에 이르기까지 특별한 공간을 위한 의자들이 탄생했습니다. 각 공간의 기능과 의미에 따라 수수하게, 우아하게, 사치스럽게, 거만하게, 간편하게, 편안하게, 튼튼하게 그리고 몸이 망가지지 않게. 의자는 다채로운 모습으로 발전했습니다.

유람선 갑판에서 태어난 덱 체어

유람선의 갑판이나 해수욕장 모래사장에서 흔히 볼 수 있는 덱 체어Deck Chair는 1850년대에 태어난 것으로 추측됩니다. '갑판 의자'라는 이름에서 알 수 있듯이 이 의자는 유람선에서 태어났죠. 선원들이 배 안에서 공간을 절약하려고 만든 해먹이 갑판 의자의 시작점이라는군요. 그래서 좌석은 해먹처럼 천이나 캔버스로 만들었고 굵은 줄무늬가 많았죠. 비가 오거나 추울 때는 사용하지 않으므로 접을 수 있게 디자인했습니다. 등받이 각도를 바꿀 수도 있고요. 유람선 갑판에서 해변으로, 푸른 잔디밭으로 활동 범위를 점차 넓혀간 덱 체어는 요즘 사람들에게는 휴가와 휴식의 이미지로 연결됩니다.

덱 체어는 좁은 배 안에서 공간을 절약하려고 만든 해먹에서 진화했다.

평민의 의자, 스툴

스툴Stool은 등받이와 팔걸이 없이 좌석만으로 된 의자를 말해요. 스툴은 아마도 나무 그루터기처럼 거의 가공하지 않은 자연 그대로의 형태에서 발전했을 겁니다. 그러므로 스툴을 일종의 이동할 수 있는 나무 그루터기, 또는 통나무라 생각해도 무방하죠. 통나무는 무겁기 때문에 어떻게든 무게를 줄이기 위해 얇은 좌석과 3~4개의 다리를 연결한, 요즘 같은 가벼운 스툴로 변화했습니다.

스툴만큼 실용적인 의자도 없을 겁니다. 만들기도, 이동하기도 쉽죠. 그래서 스툴을 '평민의 의자'라 부르기도 해요. 예로부터 좌석을 옆으로 길게 늘인 롱 스툴Long Stool은 신분이 낮은 사람들이 다 같이 평등하게 앉는 의자였죠. 중세까지만 해도 아버지만이 등받이가 있는 의자에 혼자 앉아 밥을 먹었고, 어머니와 자식들은 롱 스툴에 함께 앉았습니다. 요즘 대중목욕탕에서 때를 밀 때 앉는 의자, 시장 안 음식점이나 포장마차에 즐비한 등받이 없는 플라스틱 의자도 모두 스툴입니다. 간단하게 생겼다고 스툴을 우습게 보면 안 됩니다.

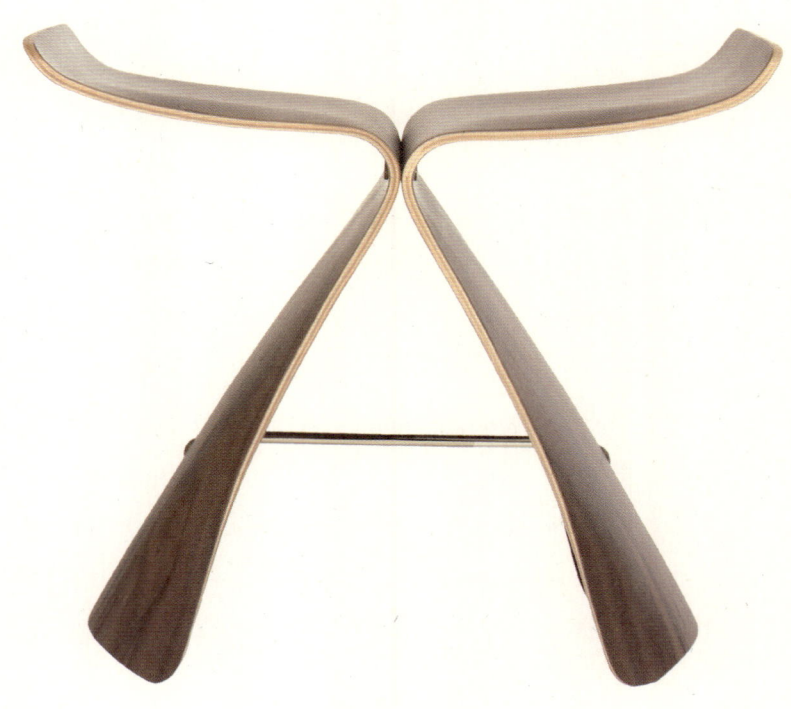

이름처럼 나비와 닮은, 매우 아름다운 의자 버터플라이 스툴Butterfly Stool.
일본의 산업 디자이너 야나기 소리柳宗理, Yanagi Sori가 디자인했다.

알바 알토가 만든 스툴 60은 북유럽 가구의 아이콘입니다. 자작나무에 접착제를 넣어 L자형으로 다리를 구부리고(알바 알토는 이를 '무릎꿇음bent-knee'이라 불렀다) 이걸 나사로 상판과 연결한 스툴 60은 그야말로 혁신이라 할 만하죠. 휜 다리는 꼿꼿한 다리보다 하중을 더 지탱할 수 있고, 쌓아서 보관하기도 쉬우니까요.

독일 울름 조형대학Hochschule für Gestaltung Ulm*이 만든 '울름 호커Ulmer Hocker'를 볼까요? 이 스툴은 직사각형 나무판자 3개를 연결한 단순한 구조와 저렴한 제작 비용으로 그들의 보편적이고 민주적인 디자인 이념을 잘 표현해냈습니다.

스툴의 키를 높이면 바 스툴Bar Stool이 되죠. 필립 스탁이 디자인한 W. W. 스툴과 스테파노 조반노니Stefano Giovannoni가 디자인한 봄보 스툴Bombo Stool은 매우 섹시한 바 스툴로, 굉장히 비쌉니다.

일본 현대 가구의 상징적 존재도 스툴인데, 바로 1954년 일본의 야나기 소리가 디자인한 버터플라이 스툴이죠. 일본의 전통과 서구의 모더니즘을 이상적으로 결합한 걸작 디자인이라 할 만합니다.

---

* **독일 울름 조형대학**
2차대전 이후 서독 울름에 세워진 조형학교로 1953년부터 1968년까지 존재했다. 바우하우스Bauhaus에 이어 전후 독일 디자인을 주도해나갔으며 디자인의 사회적, 문화적 기능에 관심을 기울였다. 독일 기능주의의 전통을 계승한 신기능주의 양식을 창출하기도 했다.

직사각형 나무판자 3개만으로 보편적이고 민주적인 디자인 이념을 실현한 울름 호커.
1954년 울름 조형대학의 막스 빌Max Bill과 한스 구겔로트Hans Gugelot,
파울 힐딩거Paul Hildinger가 디자인했다.

1장 왜 의자이어야 할까?

섹시하고 유려한 라인이 눈을 사로잡는 W.W. 스툴. 스타 디자이너 필립 스탁이 1990년에 디자인했다.

스툴의 전형이 된 스툴 60은 1932년 알바 알토가 디자인했다.

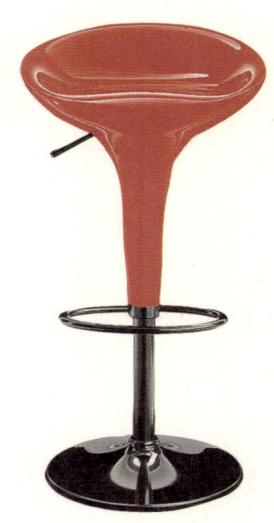

1997년 이탈리아 디자이너 스테파노 조반노니가 디자인한 봄보 스툴.

팔걸이의 위력, 안락의자

우리말로 '안락의자'로 번역하는 물건은 'Armchair', 즉 팔걸이가 달린 의자입니다. 팔걸이를 만든 동기는 편리성과 상징성이었겠죠. 극장이나 공연장에서는 팔을 사용하지 않는 상태에서 오랫동안 앉아 있어야 합니다. 객석 앞에는 팔을 받칠 수 있는 책상이나 테이블도 없죠. 그럴 때 팔걸이는 어색하고 불편한 팔을 자연스럽고 편안하게 만들어줘요.

팔걸이는 권위의 상징이기도 해요. 몸을 위와 옆으로 크게 해야 위신이 선다고 생각하는 권력자들에게 팔은 신체의 확장과 위협의 도구입니다. 권력자들은 서 있을 때 손을 허리에 올려 팔의 각도를 날카롭게 해 공격적인 자세를 만들잖아요. 팔걸이는 앉았을 때도 자세를 유지시켜주죠. 팔걸이 위치가 높을수록 더 지배적이고 위협적으로 보입니다. 워싱턴 DC의 링컨기념관에 있는 커다란 링컨 조각상을 보세요. 높은 팔걸이에 팔을 올려놓은 이 미국 대통령은 그곳을 찾은 관람객들을 위압합니다.

시장실, 사장실에 있는 접대용 의자에는 대개 가죽으로 마감한 육중한 팔걸이가 달려 있죠. 권위적이고 거만한 자세를 만들어주는 일등 공신입니다. 반면에 사무실 의자처럼 기능성만을 고려한 안락의자에는 간결하고 낮은 팔걸이가 달려 있죠. 이런 의자의 팔걸이는 휴식보다는 안정된 자세를 보장해줍니다.

팔걸이가 높은 의자에 앉은 링컨 조각상.

시골풍 의자, 윈저 체어

등받이가 가느다란 선으로만 되어 있어 경쾌해 보이는 윈저 체어Windsor Chair는 역사가 꽤 오래된 물건이죠. 비슷한 모양의 의자는 고딕 시대부터 제작했지만, 진정한 윈저 체어는 18세기 초반에 시작됐다고 할 수 있어요. 영국 윈저 지방의 목수들이 만든 의자를 수레에 싣고 다니며 팔았다고 해서 '윈저'라는 이름이 붙었다고 하네요.

원래 윈저 체어는 그 태생 덕에 소박한 시골 의자풍이었는데, 미국으로 건너가면서 진화했고 부유층에서도 큰 인기를 끌었죠. 서민들을 위한 작고 저렴하고 실용적인 것부터 등받이가 3단까지 올라가는 굉장히 고급스러운 것까지 다양한 디자인이 등장했습니다.

윈저 체어는 미국 서부 시대에 비로소 꽃을 피웠다고 봐야 합니다. 할리우드 서부 영화의 술집 장면에서 없어서는 안 될 소품이었으니까요. 존 웨인, 헨리 폰다, 클린트 이스트우드까지 수많은 영화 스타들이 윈저 체어를 빛냈습니다.

윈저 체어는 20세기의 디자이너들에게도 영감을 주었죠. 한스 웨그너Hans Wegner가 1947년에 디자인한 피코크 체어Peacock

미국의 전통 윈저 체어(좌).
등받이는 윈저 형식, 다리 구조는 캔틸레버 양식을 취한 조지 나카시마 디자인의 코노이드(우).

Chair, 조지 나카시마George Nakashima가 1961년에 발표한 코노이드Conoid가 좋은 예입니다. 덴마크 사람 한스 웨그너는 등받이 부분의 나무 막대를 공작새의 꼬리 깃털처럼 디자인하고, 한 술 더 떠 부채꼴 모양으로 퍼지게 했는데 우아한 형태미가 압권입니다. 일본계 미국인 조지 나카시마가 디자인한 코노이드는 등받이 부분에 나무 막대를 나란히 늘어놓아 윈저 형식을 취했지만, 다리 구조는 윈저 형식을 버리고 캔틸레버 양식을 가져왔죠. 이 두 의자 모두 윈저 체어의 전통에 현대적 해석을 더해 완전히 새로운 윈저로 탄생한 겁니다. 요즘 한국의 수많은 카페에서도 윈저 체어, 정확히 말하면 변형된 윈저 체어를 볼 수 있습니다.

1947년 한스 웨그너가 디자인한 피코크 체어.

상류 사회의 대변자, 클럽 체어

클럽 체어Club Chair는 프랑스의 안락의자에서 발전한 것으로 어림짐작할 뿐 정확히 언제 어디에서 처음 만들어졌는지는 알려지지 않았죠. 다만 '클럽 체어'라는 이름에서 알 수 있듯이 영국의 젠틀맨스 클럽잉글랜드의 독특한 사교 문화의 장소로, 과거에는 영국의 중상류층 회원만이 출입할 수 있었다이 이 안락하고 푹신한 의자를 선택하면서 이름이 널리 알려지게 됐다고 하네요.

클럽 체어는 주로 가죽으로 마감하고 좌석과 등받이에 스프링 쿠션을 넣습니다. 형태는 등받이가 사각인 것, 둥근 것, 남자의 콧수염 라인을 빌린 것드물지만 등 꽤 다양합니다. 클럽 체어로 최고의 명성을 얻은 것은 이탈리아의 폴트로나 프라우Poltrona Frau사가 1930년부터 생산한 배니티 페어Vanity Fair입니다. 상류사회를 뜻하는 이름만큼 최고급 품질을 자랑하죠. 1930년대 상류사회 문화의 대변자이기도 합니다. 배니티 페어의 명성으로 많은 이들이 '클럽 체어' 하면 등받이가 둥근 모양을 먼저 떠올립니다.

프랑스의 필립 스탁은 1985년에 클럽 체어를 아주 재치 있게 재해석했죠. 정면에서 보면 고급스러운 클럽 체어지만, 옆에서 보면 아주 얇은 플라스틱 껍데기인 '리처드 3세'가 바로 그것입니다. 클럽 체어의 안락함, 사치스러움, 권위를 조롱하는 것 같은 이 의자는 프랑스 미테랑 대통령의 개인 독서실에 두기 위해 디자인한 것이라 하네요.

등받이가 사각형인 클럽 체어(좌), 콧수염 라인의 클럽 체어(우).

상류문화의 대변자라 불리는 배니티 페어(좌),
프랑스 미테랑 대통령의 독서실에 두기 위해 필립 스탁이 디자인한 리처드 3세(우).

감독만 앉을 수 있다? 디렉터스 체어

'할리우드 감독' 하면 떠오르는 물건 중 하나는 접이식 디렉터스 체어Director's Chair입니다. 사실 이 의자는 가지고 다닐 수 있는 피크닉 의자로 만들었지만 디렉터스 체어로 더욱 큰 명성을 얻었죠. 이 상징적 의자의 역사는 4000년 전 이집트 왕국으로 거슬러 올라갑니다. 등받이 없이 X자 모양으로 다리 프레임을 만든 접이식 스툴은 고대 이집트에서 남자 귀족만 앉을 수 있는 '지위제'였죠. 유럽 사회에도 이런 상징적 의미가 전해졌는데, 특히 중세에 접이식 스툴은 야전 사령관의 의자 구실을 했습니다. 군대는 늘 이동을 한다는 점에서 이 스툴이 환영받았을 겁니다. 이런 역사적 유래 때문에 X자 프레임 의자는 권위의 상징이 되었죠.

오늘날 영화감독은 야전 사령관과 비슷한 면이 많습니다. 군대의 사령관처럼 이동이 잦고, 수많은 스태프들을 일사불란하게 통제해야 하죠. 사령관이 가장 높은 언덕 위 의자에 앉아 작전 지시를 내리는 것처럼 영화감독은 디렉터스 체어에 앉아 조명과 카메라, 소품, 배우들의 연기를 면밀히 분석하고 최고의 장면을 연출하고요. 이 의자가 오늘날 영화감독의 의자가 될 수밖에 없는 이유가 여기 있죠.

현대의 접이식 의자는 1900년 즈음 미국의 골드 메달 캠프 퍼니처 컴퍼니Gold Medal Camp Furniture Company가 처음 생산했습니다. 나무로 뼈대를 만들고, 좌석과 등받이는 천으로 마감했고요. 저작권이 없는 이 의자는 현재 다양한 회사에서 생산하고 있죠. 가정에서는 피크닉 의자로 사랑받고 있습니다.

고대 이집트의 남자 귀족만 앉는 의자에서, 야전 사령관의 의자로, 영화감독의 디렉터스 체어로,
다시 도시민의 피크닉 의자로 변모한 디렉터스 체어.

사교 문화의 필수품, 셰즈 롱그

셰즈 롱그는 프랑스 말로 '긴 의자'라는 뜻인데요. 이 의자는 왜 롱 체어Long Chair라고 하지 않고 굳이 프랑스 말로 발음할까요?

셰즈 롱그는 얼핏 보면 소파 같기도 합니다. 하지만 이 긴 의자는 여러 명이 아니라 반드시 한 명, 그것도 여성 한 명이 다리를 뻗고 등받이에 몸을 기대야 하는 의자죠. 그 모습이 굉장히 관능적이고요. 이런 우아하고 사치스러운 의자는 루이 15세 통치 시기인 18세기에 살롱문화*가 발전하면서 생겨났습니다. 귀족, 부르주아, 지식인들이 학문과 예술에 대한 토론을 하며 자연스럽게 남녀 사이의 사교문화도 발전했는데요. 이 살롱에서 사교를 더욱 세련되게 만드는 아름다운 의자, 매우 부드럽고 우아한 의자를 디자인하게 된 거죠. 여성만을 위한 의자도 디자인했는데, 뒤셰스 브리제Duchesse Brisée와 같은 의자가 이때 등장했습니다. 의자 2개를 마주보게 하고 그 사이에 스툴을 놓은 것 같은 모습이죠.

---

* **살롱문화**
프랑스 상류 가정의 객실에서 열리던 사교 모임을 살롱이라 한다. 이를 통해 18세기 계몽사상이 꽃피웠고, 새로운 사상을 전파하는 전령사의 역할을 했다. 남녀, 신분의 벽을 깬 대화와 토론문화가 형성되기도 했다.

셰즈 롱그의 하나인 뒤셰스 브리제.

18세기 말이 되자 셰즈 롱그는 인체 공학적으로 진보하게 됩니다. 우아하게 휘는 프레임의 토넷 록킹 체어 7500Thonet Rocking Chair 7500이 그것인데요. 디자이너 아우구스트 토넷August Thonet이 1880년대에 만든 의자죠. 그는 불멸의 베스트셀러 토넷 No.14를 만든 미하엘 토넷Michael Thonet의 아들입니다. 기존의 셰즈 롱그가 소파처럼 평평한 것과 달리 토넷의 셰즈 롱그는 좌석과 등받이를 여러 단계로 꺾었습니다. 사람의 신체 구조에 맞게 디자인해 더 편안하게 앉을 수 있죠.

르 코르뷔지에, 미스 반데어로에, 알바 알토가 디자인한 셰즈 롱그는 이 토넷 흔들의자의 좌석과 등받이 구조에 큰 빚을 졌다고 할 수 있어요. 1928년 르 코르뷔지에가 샤를로트 페리앙, 피에르 자네레와 함께 디자인한 LC4는 아마도 세계에서 가장 유명한 셰즈 롱그일 겁니다. 지금까지도 높은 인기를 끌며 판매되고 있고요. LC4는 토넷 록킹 체어 7500의 영향을 받아 좌석의 다리 부분이 꺾여 있는데 앉았을 때 매우 안락하죠. 받침대와 의자가 붙어 있지 않아서 의자 각도를 마음대로 조절할 수 있고요.

르 코르뷔지에는 이 의자를 이렇게 설명했습니다. "나는 거친 서부 광야에서 파이프를 피우며 발을 머리보다 높게 들어 굴뚝을 향하게 하고 있는 카우보이를 생각했다. 이 의자야말로 진짜 휴식을 위한 장치다." 공동 디자이너인 샤를로트 페리앙이 이 의자에 누운 모습이 바로 르 코르뷔지에가 말한 자세입니다. 집을 '거주를 위한 기계'라고 표현한 르 코르뷔지에는 이 의자를 '휴식을 위한 기계'라고 불렀죠.

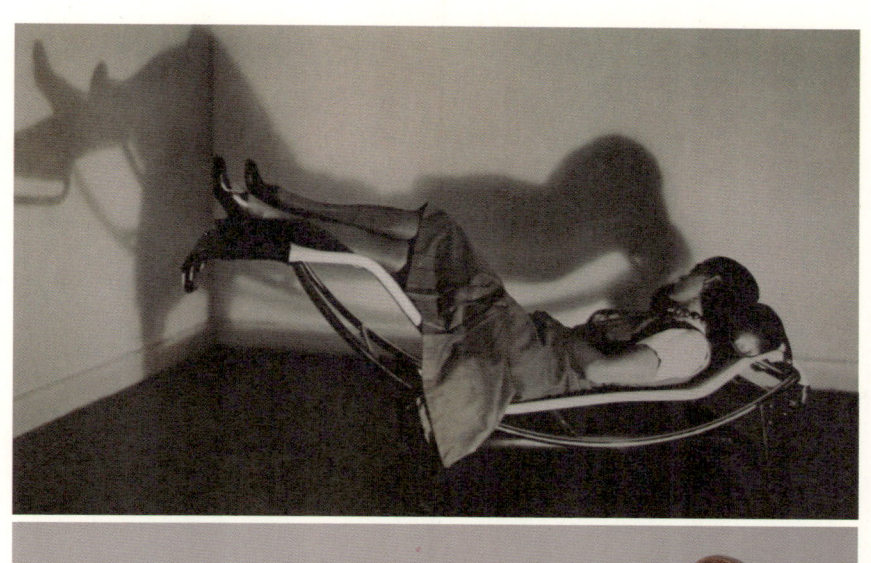

세계에서 가장 유명한 셰즈 롱그인 LC4. 1928년 르 코르뷔지에, 샤를로트 페리앙, 피에르 자네레가 디자인했다(위). 아우구스트 토넷은 셰즈 롱그를 인체공학적으로 발전시킨 토넷 록킹 체어 7500을 디자인했다(아래).

미스 반데어로에는 르 코르뷔지에와 함께 유럽의 모더니즘을 개척한 또 한 명의 건축가죠. 그가 1931년에 디자인한 셰즈 롱그는 매우 간결합니다. 한쪽 끝만 고정된 캔틸레버 구조의 강철관 프레임이 매력적이죠. 르 코르뷔지에와 미스 반데어로에의 셰즈 롱그는 프랑스의 고전적인 셰즈 롱그와는 완전히 다른 양식이라 할 수 있어요.

두 건축가의 셰즈 롱그가 모더니즘의 상징인 금속을 재료로 한 데 반해 핀란드의 알바 알토가 1936년에 디자인한 셰즈 롱그는 나무를 사용해 따뜻하고 인간적입니다. 좌석과 등받이 형식은 르 코르뷔지에 LC4의 영향을 받았고, 프레임 구조는 미스 반데어로에 셰즈 롱그의 캔틸레버를 따왔다는 것도 흥미롭습니다.

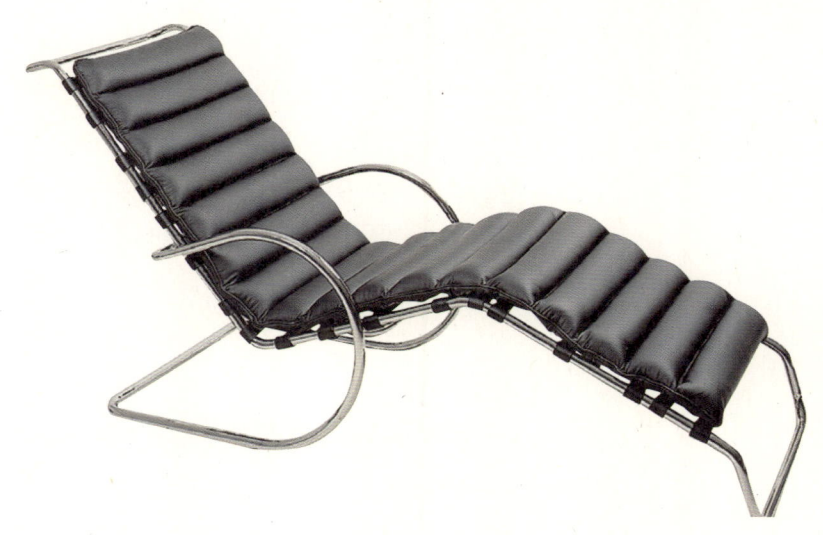

미스 반데어로에의 셰즈 롱그. 한쪽 끝만 고정되고 다른쪽 끝은 공중에 뜬 형태의 캔틸레버 구조가 흥미롭다.

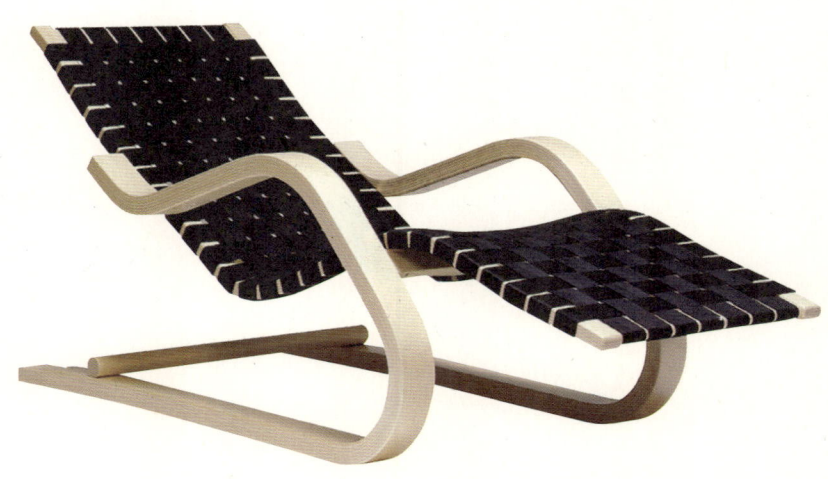

나무를 사용해 따뜻하고 인간적인 알바 알토의 셰즈 롱그 39.

한 번 앉으면 일어날 수 없는 라운지 체어

문재인 대통령이 2012년 대선 때 치른 곤욕 중 하나는 찰스와 레이 임스 부부가 디자인한 '라운지 체어Lounge Chair'를 갖고 있다는 사실이었습니다. 물론 이 의자가 비교적 비싼 편이지만 그런 의자를 소유했다는 것이 도덕적 흠이 되는 건 안타까운 일입니다.

당시 후보는 대선 광고에서 뭔가 일을 하다가 라운지 체어에서 잠시 눈을 붙인 듯한 모습으로 연출됐죠. 이는 라운지 체어가 생활 속에서 어떤 구실을 하는지 정확히 보여줍니다. 라운지 체어의 가장 큰 특징은 좌석이 엉덩이 쪽으로 기울어 있고 그에 따라 등받이도 비슷한 각도로 비스듬히 누워 있다는 점입니다. 이 의자에 앉으면 엉덩이가 깊숙이 들어가고 몸도 반쯤 눕게 되어 일어나기가 쉽지 않아요. 다리가 짧을수록 라운지 체어에서 몸을 일으키기 어렵죠. 그래서 동양인에게는 부적합한 의자라는 말도 있고요. 사실 다리 긴 서양인도 일어나는 데 힘이 들죠.

라운지 체어는 한 번 앉은 뒤 오랫동안 푹 쉬는 의자입니다. 맥주를 마시며 야구 중계를 보다가, 또는 평화로운 주말 오후에 책을 보다가 라운지 체어에서 잠드는 것이야말로 이 의자가 사람에게 주는 가장 큰 쾌락일 겁니다. 그런 이유로 라운지 체어는 오토만Ottoman이라는 부속물을 옵션으로 갖추고 있죠. 쉬거나 잠들 때 다리를 쭉 뻗어 올려놓을 수 있는 오

마르셀 브로이어가 디자인한 바실리 체어. 스타일리시함을 과시하려는 회사의 접대 공간에 어울린다.

대기업의 넓은 로비 공간에 안성맞춤인 바르셀로나 체어. 1929년 미스 반데어로에가 디자인했다.

토만까지 있다면 쾌락의 종지부를 찍는 셈이죠.

라운지 체어는 셰즈 롱그의 사촌 격이라 할 수 있어요. 셰즈 롱그가 귀족의 대저택에 어울리는 의자라면 라운지 체어는 현대적 공간에 어울리는, 셰즈 롱그의 거품을 뺀 의자라고 할까요? '라운지'라는 공간은 가정에선 거실, 호텔이나 고층 건물에선 로비 같은 기다림의 장소, 공항에선 VIP를 위한 휴식 공간을 뜻하겠죠. 라운지가 방해받지 않고 쉬는 것을 목적으로 하는 만큼 그 공간에 놓이는 라운지 체어의 미덕은 편안함과 즐거움입니다. 라운지 음악이 그런 것처럼. 하지만 우리나라 거실에서는 커다란 소파 때문에 이 라운지 체어가 들어올 틈이 없죠. 그래서 라운지 체어의 수요가 많지 않다고 해요.

모더니즘 디자인의 아이콘과도 같은 마르셀 브로이어의 바실리 체어, 미스 반데어로에의 바르셀로나 체어, 알바 알토의 파이미오가 모두 라운지 체어입니다. 바실리 체어는 스타일리시함을 과시하려는 사무실의 접대 공간에, 바르셀로나 체어는 대기업의 넓은 로비 공간에, 파이미오는 따뜻함과 안락함을 추구하는 요양원에 각각 어울립니다.

'라운지 체어' 하면 역시 찰스와 레이 임스의 고전인 라운지 체어를 말하지 않을 수 없죠. 1956년에 발표된 이 의자는 임스 부부가 축적한 기술적 노하우를 집약한 결정판이라고 할 수 있어요. 그들이 개발한 3차원 성형 합판 기술, 의자를 유연하면서도 튼튼하게 만드는 알루미늄 프레임 기술에 이르기까지

따뜻함과 안락함을 추구하는 요양원에 어울리는 파이미오.
실제로 1930년 알바 알토가 파이미오 요양원을 위해 디자인했다.

복잡하고 정교한 기술로 완성된 명작이죠. 찰스 임스는 라운지 체어를 "오래 사용해서 따뜻하고 잘 길들여진 1루수 글러브"처럼 만들고 싶었다는군요. 이 말에 따르면 그런 의자의 성질은 주인이 긴 시간 사용하면서 만들어지는 것일 테고요. 어쩌면 라운지 체어의 속성인지도 모르겠네요. 의자가 사람에게, 또 사람이 의자에게 길들여지고 최고의 안락함에 이르는 그런 의자.

라운지 체어는 다리 긴 서양인도 앉으면 일어나기 힘든 구조다.
1956년 찰스와 레이 임스가 디자인한 라운지 체어.

가장 안락해 보이는 의자, 윙백 체어

스툴에서 안락의자로 진화하면서 의자는 인체의 주요 기관몸통과 팔과 닮은 부분을 갖추게 됐죠. 단, 머리만 빼고. 물론 등받이를 높이 올리면 머리까지 받칠 수 있긴 합니다. 그러나 머리는 유연한 목에 따라 앞뒤와 좌우로 기울일 수 있다는 점에서 별도의 장치가 필요하죠. 여기에 호응한 의자가 바로 윙백 체어Wingback Chair입니다. 윙백 체어는 등받이 양옆에 머리를 기댈 수 있는 면이 있죠. 위에서 보면 ㄷ자 모양이 됩니다. 윙백 체어의 두 날개는 밑으로 내려와 자연스럽게 팔걸이와 연결되고요. 머리부터 몸까지 완벽하게 감싸준다는 점에서 시각적으로 가장 안락해 보이는 의자죠그래서 비행기 좌석은 대개 등받이에 날개의 흔적이 살짝 남아 있다. 아르네 야콥센Arne Jacobsen이 디자인한 에그 체어Egg Chair와 한스 웨그너가 디자인한 파파 베어 체어Papa Bear Chair는 아마도 윙백 체어를 현대적으로 해석한 가장 유명한 의자일 겁니다.

윙백 체어는 머리를 기댈 수 있는 면을 만들어 머리부터 몸까지 완벽하게 감싸준다.
그 대표격인 에그 체어는 1957년 아르네 야콥센이 디자인했다.

자연의 위협에도 강하다! 아웃도어 체어

의자의 역사는 집 안에서 집 밖으로 나온 역사라고 할 수 있습니다. 그런데 왜 밖으로 나왔을까요? 사람들은 의자에 앉는 생활양식의 편리함에 익숙해지자, 그런 편리함을 야외에서도 누리고 싶어했어요. 거리마다 벤치가 생겼고 공원과 정원, 카페와 식당의 야외 공간, 야외 공연장 등으로 의자의 활동범위가 넓어졌죠.

의자가 밖으로 나와 살아남으려면 몇 가지 험난한 관문을 통과해야 해요. 첫 번째 비와 눈, 즉 물을 이겨내야 한다는 것. 따라서 야외 의자는 좌석에 반드시 배수 장치가 되어 있어야 하고, 녹에도 저항해야 하죠. 두 번째는 무게. 야외 의자는 대개 자주 옮겨 다니는 신세이고, 무거운 건 버려지게 되어 있죠. 또 사용한 뒤에 집단으로 실내나 창고에 쌓이는 경우가 많아 쌓거나 접어서 보관할 수 있어야 하고요. 마지막으로 내구성. 야외 의자는 대량으로 사용하고 대량으로 수거하기 때문에 거칠게 다루기 마련이죠. 집어던져도 꿋꿋이 제 할 일을 해야 비로소 야외 의자라고 할 수 있죠. 아웃도어 체어는 혹독한 위협으로부터 살아남은 생존력 강한 녀석들입니다.

20세기가 막 시작된 시대부터 지금까지 사랑 받아온 프랑스의 접이식 가든 체어는 이 모든 조건을 갖춘 최초의 야외 의자예요. 프레임이 가늘고 재료를 최소한으로 쓰기 때문에 연약해 보이기도 하죠. 하지만 이로써 이 의자의 무게는 굉장히 가벼워지고 물에 젖는 부위는 줄어들었죠. 이 의자의 가장 큰 업적은 바로 다리를 X자로 접는 방식이에요. 이 방식은 고대 이

20세기 초부터 지금까지 많은 이의 사랑을 듬뿍 받고 있는 프랑스의 접이식 가든 체어.

집트 시대에 발명되었지만, 금속을 재료로 한 이 가든 체어가 더 견고하게 발전시킨 방식이기도 하죠. 20세기의 무수히 많은 야외 의자는 이 프랑스 접이식 가든 체어에 빚을 지고 있다고 할 수 있어요.

스페인 디자이너 호르헤 펜시Jorge Pensi가 디자인한 톨레도Toledo는 그 지역의 문화 정체성을 드러낸 아주 개성 강한 야외 의자입니다. 톨레도는 좌석과 등받이의 배수 처리 장치가 매우 독특한 패턴을 이루는데요, 옆으로 긴 이 패턴은 중세 갑옷에서 영감을 받은 것이라고 하네요. 또한 팔걸이는 다리처럼 둥근 것이 아니라 옆으로 얇게 퍼져 있고요. 톨레도는 스페인 난공불락의 지역 이름이며, 이 도시는 견고하고 날카로운 칼 생산지로 유명하다고 합니다. 이런 역사적 유산을 의자에 담은 것이죠.

1986년 호르헤 펜시가 디자인한 톨레도.

인체친화적 오피스 체어

사람들은 의자에 얼마나 오래 앉아 있을까요? 의자 종류마다 다를 거예요. 카페나 식당의 의자에는 대개 1시간 안팎, 길면 2~3시간 정도 앉아 있겠죠. 편히 푹 쉬는 라운지 체어도 오래 앉아 있어봐야 2~3시간 정도일 테고요. 극장이나 공연장, 경기장의 관람석에도 대개 2~3시간 정도? 반면에 압도적으로 오래 앉아 있는 의자가 있으니 바로 사무실 의자Office Chair입니다. 9시부터 5시까지 근무한다고 해도 점심시간을 빼면 꼬박 6~7시간을 앉아 있는 거죠. 야근을 밥 먹듯이 하는 한국인들은 대략 10시간 동안은 앉아 있을 거예요.

하루 중 우리와 가장 많이 붙어 있는 사무실 의자는 사람 몸에 막대한 영향을 미칠 수밖에 없죠. 오랫동안 앉아 있는 생활양식은 20세기에 나타난 아주 독특한 현상입니다. 그 이전에는 대개 서 있거나 움직였죠. 즉 우리 몸은 앉는 것에 길들여지지 않았고, 그에 맞게 몸이 진화하지도 않았어요. 이는 사무실 의자를 과학적으로 접근하도록 만들었죠. 침대가 과학이면 의자는 첨단 과학입니다.

1849년에 발표된 토마스 E. 워런Thomas E. Warren의 센트리페탈 스프링 암체어Centripetal Spring Armchair는 최초의 사무 의자로 알려져 있어요. 무려 160여 년 전에 나온 의자지만 오늘날 사무 의자가 갖춰야 할 모든 조건을 갖추었죠.

오늘날 사무 의자가 갖추어야 할 모든 조건을 갖춘 센트리페탈 스프링 암체어.
최초의 사무 의자로 알려져 있다.

우선 모든 방향으로 기울어질 수 있어요. 이른바 틸팅Tilting 기능*이죠. 좌석이 회전하며 다리에 바퀴가 달려 있어서 이동이 자유롭고요. 좌석과 다리 사이에 있는 C자 모양의 스프링이 완충 작용을 하고 척추를 보호해주죠. 사무 의자는 수많은 이동과 회전과 기울임으로 넘어지기 쉬운데, 이에 대비해 하나의 다리에서 4개의 받침대발로 갈라져 나오는 형태를 취하고요 오늘날에는 안전성을 강화하려고 5개의 받침대를 표준으로 삼는다. 게다가 목 받침대까지 갖추고 있어요. 장식적이라는 것을 제외하고는 사무 형식을 확립했다고 봐도 과언이 아니죠.

20세기 들어 사무 가구는 미국에서 더욱 진보했어요. 탠새드Tansad와 두모어Do/More는 건강에 초점을 맞춘 의자를 개발했는데, 기존의 의자 등받이가 등을 받치면서 척추를 휘게 하는 반면 이들 의자는 등받이가 척추만을 받침으로써 바른 자세를 만들어준다고 광고했습니다.

찰스와 레이 임스 부부는 1958년부터 알루미늄 그룹 체어

---

* **틸팅 기능**
기울다, 뒤로 젖혀지다라는 뜻으로 사용자가 등받이와 좌판이 젖혀지는 각도를 직접 조절할 수 있는 기능.

등받이가 척추만을 받치게 설계해 바른 자세를 만들어주는 미국 두모어의 의자. 1930년대.

Aluminum Group Chair를 발표하기 시작했죠. 처음엔 야외 의자로 개발했다가 성능과 내구성이 뛰어나 사무 의자로 발전했습니다. 탠새드나 두모어에 없는 뛰어난 조형성, 튼튼한 프레임, 알루미늄의 광택 나는 질감, 고급스러운 가죽 패딩에 이르기까지 오늘날 사무 가구의 원형을 만들어냈죠.

1994년에 생산한 허먼 밀러Herman Miller사의 에어론 체어 Aeron Chair는 정형외과 의사와 혈관학 전문가까지 동원된 그야말로 과학의 산물입니다. 정교한 서스펜션*이 척추와 근육에 가하는 힘을 최소화하고, 사람의 몸무게가 좌판과 등받이로 골고루 퍼지도록 해주죠. 좌석과 등받이에 사용한 '페리클Pellicle'이라는 재료는 체중을 등받이에 골고루 분산시키고, 그물처럼 뚫린 구멍으로 공기가 순환하도록 해 오래 앉아 있어도 쾌적합니다.

* **서스펜션**
충격 완화 장치. 바퀴와 프레임 연결부, 시트 등에 스프링이나 다른 부품을 이용해 충격을 흡수한다.

정형외과 의사, 혈관학 전문가까지 동원된 과학의 산물,
허먼 밀러의 에어론 체어.

2장

모더니스트 건축가와 의자 082 포스트모더니즘의 시작 140
세계 대전이 의자 디자인에 미친 영향 100 슈퍼 디자이너 시대 160
풍요의 시대 124

꼭 알고 싶은 20세기 이후의 의자와 디자이너

의자 디자인의 역사는 20세기 이전과 이후로 나뉜다고 간추릴 수 있습니다. 그리고 그 20세기 이전과 이후를 구분 짓는 가장 큰 차이는 개인 디자이너의 탄생일 것입니다. 20세기 이전의 의자가 특정 지역의 전통과 문화를 압축한 사물이라면, 20세기 이후의 의자는 개인 디자이너의 개성을 함축한 물건이니까요. 물론 개성이라는 것도 시대의 산물임을 부정하진 못합니다. 그렇지만 20세기 모더니즘 시대는 자율성을 가진 디자이너들이 혁신을 주도하고 창의력이 폭발한 시기죠. 이러한 시대적 배경을 알면 의자 이야기가 한층 흥미로워지지 않을까요? 우리가 유독 20세기 이후의 의자와 디자이너에 주목하는 이유입니다.

모더니스트
건축가와 의자
1900~1950

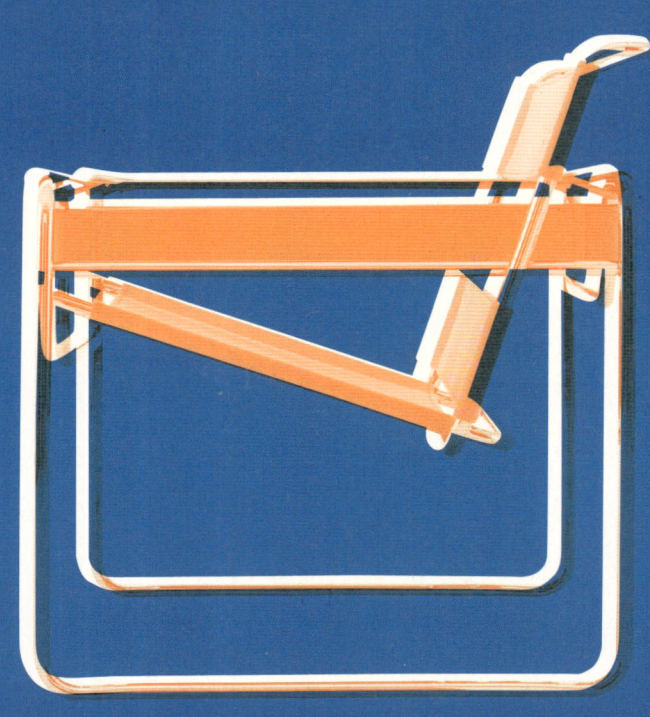

오늘날 의자의 세계를 풍성하게 만든 일등 공신은 모더니즘 건축가와 디자이너들입니다. 모더니즘이 탄생하기 전 의자는 대개 정해진 규칙과 틀에 얽매여 있었죠. 그것에 대해 불평하는 사람도 없었고요. 하지만 20세기 산업화 시대가 되고 새로운 재료와 기술이 탄생하면서 의자 디자인에도 조금씩 변화가 찾아왔습니다. 몇몇 건축가들은 자신의 건축에 어울리는 가구를 직접 디자인하기 시작했어요. 그러면서 의자는 이들 모더니스트들의 건축·디자인 철학을 대변하는 상징물이 되었죠. 자신이 진보적인 모던 건축가라고 자부한다면 자신의 고유한 의자 하나쯤은 디자인했다는 말입니다. 여러분이 감도 높은 공간에서 한 번쯤 만나본 바로 그 의자와 디자이너에 대한 이야기, 이제 시작하겠습니다.

찰스 레니 매킨토시 '힐 하우스 체어'

직선도 아르누보다! 아르누보 하면 구불구불한 곡선이 먼저 떠오를 겁니다. 흔히 덩굴식물이나 꽃을 모티프로 한 여성적인 이미지를 아르누보 스타일이라고 하죠. 스코틀랜드인 건축가 찰스 레니 매킨토시Charles Rennie Mackintosh는 이와는 다른 직선적인 아르누보 스타일을 선보였어요. 그는 건축뿐 아니라 실내 디자인, 가구, 재떨이에 이르기까지 모든 것을 한결같은 개념 아래 디자인해야 직성이 풀렸죠. 그가 의자 디자인으로 유명해진 건 출판업자 월터 블래키의 집 '힐 하우스Hill House'를 위해 디자인한 의자 때문인데, 그만의 아르누보 스타일이 짙게 담겨 있습니다. 까만색 흑단으로 만든 이 의자는 벽지와 가구가 온통 흰색인 방에 놓여 극적인 대비를 이뤘죠.

무엇보다 주목할 것은 이 의자의 파격적인 형태입니다. 이 의자가 태어난 1902년은 역사주의 양식여전히 과거의 것을 모방하거나 재해석을 약간 가미하는 정도의이 지배적이었죠. 그런 시대에 오직 수평선과 수직선만으로 이루어진 힐 하우스 체어는 대단히 과격해 보이기까지 했어요. 게다가 높은 등받이는 심리적으로 불안해 보이고 그 용도를 의심케 했죠. 이 의자에 앉으면 편할까요? 이 의자에서 등받이는 기능과 관계없는 그저 장식이라고 봐야 해요. '매킨토시의 디자인 언어가 압축된 장식' 정도로요. 그럼에도 불구하고 우리가 이 의자를 기억해야 하는 이유는 모더니즘의 본질인 기하학적 형태, 추상성, 절제미를 모두 갖췄기 때문이죠. 매우 전위적이고 시대를 앞선 의자입니다.

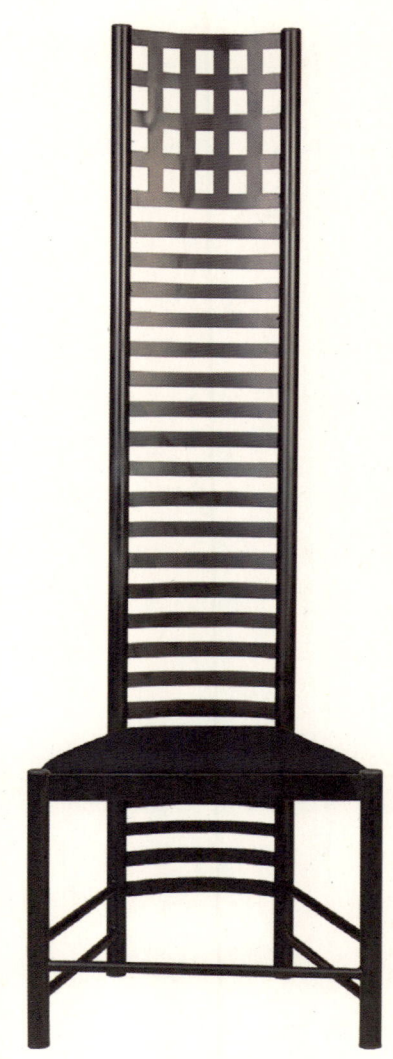

의자 이름 힐 하우스 / **생산 연도** 1904 / **제조사** 알렉스 마틴Alex Martin(영국), 현재 카시나(이탈리아)
월터 블래키의 집 힐 하우스 프로젝트를 위해 디자인한 의자다.
까만색 흑단으로 만든 이 의자는 벽지와 가구가 온통 흰색인 방에 놓여 극적인 대비를 이루었다.
힐 하우스 체어가 태어난 1904년 당시에는 여전히 역사주의 양식이 지배적이던 때인데,
그런 시대에 오직 수평선과 수직선만으로 이루어진 간결한 구조의 디자인은 과격해 보이기도 했다.

마르셀 브로이어 '바실리 체어'

금속 파이프 의자의 시작 바우하우스독일의 디자인 학교이자 근대 디자인의 정점을 이룬 예술 운동는 순수 미술과 응용 미술의 차별을 없애려 했죠. 그 철학 아래 건축과 조형 예술을 통합하려 했고요. 바우하우스의 정신을 대표하는 물건 중 하나가 바로 바실리 체어입니다. 바실리 체어는 최초로 금속 파이프를 사용한 의자로 유명하죠. 이를 만든 마르셀 브로이어Marcel Breuer는 "차가운 인상의 강철관 가구 = 현대적 생활양식"이라는 연상작용을 이끌어낸 인물이고요. 1925년부터 바우하우스에서 일한 젊은 교수 브로이어는 자전거의 강철 파이프가 비싸지 않고 위생적이며 가벼우면서도 견고하다는 것을 발견했죠. 곧바로 이걸 의자, 테이블 등의 가구에 적용해보기 시작합니다. 그는 데사우로 이전한 바우하우스의 강당, 식당, 교수 주택에 설치할 가구를 맡으면서 실용적인 강철관 의자를 계속 발표했어요. 영국에 머무를 때는 이소콘 퍼니처 컴퍼니Isokon Furniture Company와 함께 합판 소재의 셰즈 롱그를 디자인했는데, 이는 영국 모더니즘의 주요 제품이 되었죠. 미국으로 이주한 뒤에는 주로 건축가로 활동했는데, 1966년에 완공한 뉴욕의 휘트니 미술관Whitney Museum of American Art이 바로 그가 설계한 대표 건축물이에요. 모던 디자인의 특징인 노출 구조, 강철관, 매끈한 표면, 단순성, 가벼움 등은 마르셀 브로이어가 이룩한 업적이랍니다.

의자 이름 바실리 체어 / **생산 연도** 1925 / **제조사** 1968년부터 놀 인터내셔널(미국)
최초로 금속 파이프를 사용한 의자. 브로이어는 이 의자 디자인으로 모더니즘을 개척한 인물로 등극했다.

의자 이름 체스카Cesca / **생산 연도** 1928 / **제조사** 1968년부터 놀 인터내셔널(미국)
캔틸레버 방식을 적용한 의자 중 하나로 조형적인 긴장감과 함께 경쾌한 느낌을 준다.
등나무 줄기로 짠 시트와 등받이, 너도밤나무 프레임의 수공예적 감각, 강철관 튜브의 조합이 특징이다.

의자 이름 셰즈 롱그 / **생산 연도** 1935 / **제조사** 이소콘 퍼니처 컴퍼니(영국)
장붓구멍(목재에 다른 목재를 끼우기 위해 내는 구멍)과 장부(두 부재를 접합할 때 하나의 부재에 만들어낸 돌기)를 연결 부위에 적용해 디자인한 안락의자. 장시간 사용으로 접합 부위가 약해질 수 있는 의자의 단점을 보완해 안정성을 높였다.

미스 반데어로에 '바르셀로나 체어'

모던 건축의 아버지가 만든 의자 대리석으로 마감한 넓고 서늘한 공간에 검은 가죽 의자가 놓인 모습을 상상해보세요. 게다가 크롬 도금한 금속 프레임의 가죽 의자. 도심 고층 빌딩 로비에서 흔히 볼 수 있는 이 풍경엔 십중팔구 바르셀로나 체어가 등장하죠.

이 의자를 디자인한 미스 반데어로에Mies van der Rohe는 '철골조와 유리 커튼월'로 대표되는 현대 고층 건물의 원형을 창조한 인물이죠. 차갑고 미니멀한 실내 공간의 원형을 만들기도 했고요. 말 그대로 모던 건축의 창조자라고 할까요? 실제로 르 코르뷔지에, 발터 그로피우스와 함께 유럽 모던 건축의 아버지로 불리죠.

그는 이미 1920년대 초 철골조에 유리로 마감한 고층 건물을 구상했지만, 보수적인 독일 사회에서 이를 받아들이지 않았습니다. 당시로서는 너무나 급진적인 건축이었으니까요. 반데어로에는 건축 대신 오히려 의자로 '뜨게' 됩니다. 비싼 크롬과 가죽을 사용하고 세밀한 곳까지 완벽을 기한 이 의자는 엘리트를 위한 럭셔리 제품으로 통했죠. 모더니스트들이 지향한 대중과는 거리가 좀 멀었지만요.

그의 급진적인 건축 비전은 1950년대 미국에서 비로소 현실이 되었죠. 곧 그의 유리 커튼월 건물이 전 세계 도시로 유행처럼 전파되었고요. 그 건물엔 당연히 미스 반데어로에가 디자인한 의자들이 놓였죠. 건축부터 가구까지 그가 창조한 현대 도시 이미지, 완벽하게 완성된 것입니다.

의자 이름 바르셀로나 체어 / **생산 연도** 1929 / **제조사** 베를리너 메탈그웨브 요제프 뮬러(독일) /
1948년부터 놀 인터내셔널(미국)

1929년 세계 박람회의 독일관 설계를 의뢰받으며 공간에 어울릴만한 가구가 없어
직접 디자인한 의자다. 단단한 크롬 도금 봉강을 굽은 X자형으로 용접해 틀을 만들었다.
교차점의 봉강을 견고하게 용접해 의자의 강도를 높였는데 묵직한 의자를 원한 미스 반데어로에가
사용자들이 이리저리 옮기지 않길 바랐기 때문이다.

르 코르뷔지에 'LC 시리즈'

가구 애호가들의 위시리스트 르 코르뷔지에Le Corbusier가 사촌 피에르 자네레Pierre Jeanneret, 같은 사무실의 동료 디자이너 샤를로트 페리앙Charlotte Perriand과 공동 디자인한 LC 시리즈는 지금도 인기를 끄는 그의 대표작입니다.

장식성이 맹위를 떨치던 1920년대 중반, 그는 조금도 타협하지 않고 단순하고 매끈한 형태의 의자들을 발표해 새로운 시대 정신을 알렸습니다. 이러한 행보는 그가 모던 디자인의 선구자 중 중요한 두 사람인 오귀스트 페레Auguste Perret와 페터 베렌스Peter Behrens의 사무실에서 일한 것과 관계가 깊죠. 그들로부터 산업화에 알맞은 구조와 형태에 대해 가르침을 받았으니까요. 그 뒤 그는 자동차, 비행기 같은 새로운 동력기관의 아름다움에 매료되었고 삶의 공간도 이런 기계처럼 순수한 형태, 합리성과 효율성을 갖추어야 한다고 생각했습니다.

1927년부터 르 코르뷔지에는 샤를로트 페리앙과 '함께 살기 위한 기계', 즉 주택을 위한 설비로써 의자를 디자인하기 시작했죠. 그는 마르셀 브로이어에게 영향을 받아 강철관을 주재료로 사용했지만, 좀더 우아하고 고급스러운 재료를 사용했다는 점이 눈에 띄는군요.

의자 이름 LC1 바스퀼랑 / **생산 연도** 1928 / **제조사** 1965년부터 카시나(이탈리아)
사파리 체어에서 영감을 받아 디자인한 것으로 강철 파이프와 가죽으로 만들었다.
각도 조절이 가능한 등받이, 가죽으로 연결한 팔걸이 덕분에 편안한 자세를 만들어준다.
피에르 자네레, 샤를로트 페리앙과 함께 디자인했다.

장 프루베 '스탠다드 체어'

금속 기술자의 튼튼한 구조물 투박한 듯하면서도 조형적인 이 의자는 장 프루베Jean Prouve의 대표작 스탠다드 체어Standard Chair입니다. 이름에 걸맞게 형태를 가지고 어떠한 기교나 멋도 부리지 않은 의자죠. 단순하고 튼튼하게 생겼습니다. 의자 앞다리는 강철관, 뒷다리는 속이 빈 역삼각형 강철판으로 만들어 앉는 이의 몸무게를 안정감 있게 지탱하죠. 특히 뒷다리의 역삼각형 형태는 장 프루베의 아이콘이 됐고요.

어찌 보면 장 프루베의 작업은 장식을 거부하고 실용성을 추구한 여타의 모더니스트들과 비슷해 보이죠. 하지만 자세히 살펴보면 눈에 띄게 다른 점이 있습니다. 그가 프랑스 낭시 Nancy 학파의 영향을 받았기 때문이죠. 낭시 학파는 건실한 구조와 단순하고 논리적인 생산을 강조한 유파입니다.

장 프루베는 어려서부터 금속 공방에서 일해 금속과 용접 기술에 대한 지식이 풍부한 기술자이자 디자이너이고 제작자였습니다. 1924년에 자신의 첫 공방을 연 프루베는 금속으로 만든 조명, 샹들리에, 문손잡이, 가구 등을 선보였죠. 동시에 지붕 구조, 기둥과 보 구조, 파사드, 창문, 난간 등 다양한 구조물을 제작했어요. 그 구조물들은 힘의 저항 사이에서 균형을 맞추는 방식으로 제작됐죠. 내구성을 생각한 매우 논리적인 방식인데, 그는 이를 의자 디자인에도 적용했어요. 즉 가구를 중력과 싸우는 구조로 인식했다는 말이죠. 그래서인지 그가 디자인한 의자들은 아이들이 그 위에서 뛰거나 장난쳐도 위험할 것 같지 않은, 튼튼하고 안정적인 모습입니다.

의자 이름 스탠다드 체어 / **생산 연도** 1928 / **제조사** 현재 비트라(스위스)
의자 앞다리는 강철관, 뒷다리는 속이 빈 역삼각형 강철판으로 연결해
사람의 무게를 안정감 있게 지탱한다.
역삼각형 특유의 형태는 장 프루베만의 조형 언어가 되어 테이블 디자인으로까지 발전했다.

알바 알토 '파이미오 체어' '스툴 60'

핀란드인이면 누구나 다 아는 그 의자 알바 알토Alvar Aalto는 핀란드의 국민 건축가라 불리는 인물입니다. 유로를 쓰기 전 핀란드 지폐에 알바 알토의 인물화가 그려져 있었을 정도로요. 알바 알토는 대량 생산을 위한 단순한 형태와 실용성을 취하면서도 자연 재료에 낭만적인 요소를 불어넣어 북유럽 특유의 인간적인 디자인을 탄생시킨 인물이죠.

그는 헬싱키 공과대학에서 건축을 전공한 후 1920년대부터 베니어 합판 성형 기술을 실험하기 시작했어요. 그 첫 결실은 1930년대 파이미오 요양원 건축 프로젝트를 위해 디자인한 파이미오 체어입니다. 벤트 우드Bent Wood* 기법으로 만든 이 의자는 바우하우스의 경직된 모던 의자들보다 편안한 인상을 줍니다. 부드러운 곡면 형태, 재료, 질감이 그렇죠.

이어 알토는 3개의 다리로 만들어 차곡차곡 쌓을 수 있는 스툴들을 제작했는데요, 내구성을 높이기 위해 L자형으로 꺾은 다리 구조가 참 독특합니다. 그 중 대표작이 스툴 60이죠. 이 밖에도 상판과 다리를 접합하는 구조를 실험해보기 위해 Y자형 다리, 부채꼴로 펴진 다리 등을 만들어 다양한 의자와

---

*벤트 우드
합판이나 목재를 증기 열로 휘거나 구부려 고정시키는 기술.

의자 이름 No. 37 / **생산 연도** 1935~1936 / **제조사** 아르텍(핀란드)
1936년 밀라노 트리엔날레를 위해 디자인한 안락의자다. 알바 알토의 대표작 파이미오 체어처럼 벤트 우드 기법으로 만들었을 뿐만 아니라, 캔틸레버 방식으로 디자인해 이 기법의 또 다른 가능성을 보여줬다.

테이블에 적용했죠. 특히 상판과 다리, 또는 다리와 다리에 같은 재료를 사용해 간결하고 독특한 미학을 보여줍니다. 독특한 세부 구조로 평범한 스툴과 테이블에 개성을 더한 거죠. 1935년 알바 알토는 클라이언트가 아닌 일반 소비자에게도 가구를 판매하기 위해 아르텍Artek이란 회사를 설립했습니다. 그 이후 건축가이자 가구 디자이너로서는 지금까지도 대중적 인기를 얻고 있는 몇 안 되는 인물이랍니다.

의자 이름 팬-레그 스툴 X601 Fan-leg Stools X601 / **생산 연도** 1954 / **제조사** 아르텍(핀란드)
스툴 60의 변형이라 할 수 있는 의자.
상판과 다리를 유기적으로 연결할 수 있도록 디자인한 부채꼴 모양의 접합 부분은
시각적으로 간결한 인상을 줄 뿐만 아니라 독특한 미학의 디테일을 더해준다.

세계 대전이
의자 디자인에 미친 영향
1955~1970

1차 세계대전이 끝난 뒤 바우하우스를 중심으로 모더니즘이 본격적으로 시작되었습니다. 하지만 대중에게 모더니즘은 낯설고 정이 가지 않는 양식이었죠. 20년 뒤 2차 세계대전이 찾아오는데 그때는 상황이 조금 달라졌어요. 2차 세계대전 후 내핍 시대에 접어들자 모더니즘의 간결함이 각광받기 시작한 거죠. 전쟁 피해가 없었던 미국은 오늘날 의자 디자인에서 가장 중요한 재료와 스타일을 창조해냈죠. 전쟁 패전국 이탈리아는 전후 극심한 가난 속에서 가구 산업을 통해 경제를 살리려는 노력을 하면서 개성 강한 그들만의 정체성을 찾기 시작했고요. 북유럽 국가들, 특히 덴마크의 디자이너들은 특유의 실용적이면서도 인간적인 디자인으로 1950년대 대니시 모던Danish Modern을 이끌었죠. 이들이 디자인한 의자는 그 후로 60년 넘게 사랑받는 스테디셀러가 됐고요.

조지 넬슨 '마시멜로'

미국식 모더니즘의 시작 모든 직원들에게 똑같은 의자와 테이블을 평등하게 나눠주는 사무실 문화, 밝은 컬러, 개인의 프라이버시를 중시하는 칸막이 시스템, 용도에 따라 확장하고 줄이고 조립하고 해체할 수 있는 모듈 시스템은 사무실 가구의 표준이라 할 수 있어요. 이런 현대식 사무 가구를 미국에 처음으로 보급한 회사가 허먼 밀러이고 이를 주도한 디자이너가 조지 넬슨George Nelson입니다.

넬슨은 사무용 시스템 가구 외에도 유기적인 곡선의 조각 같은 의자, 형식을 파괴한 소파에 이르기까지 전후 미국 가구 산업의 다채로운 면을 한꺼번에 보여준 디자이너예요.

그의 대표작 '마시멜로'는 여러 개의 원형 쿠션을 이어 조립할 수 있는 모듈식 소파인데요, 대량 생산에 적합한 새로운 제작 방법을 실현한 디자인이라 할 수 있죠.

1946년부터 넬슨은 허먼 밀러의 디자인 디렉터를 맡으면서 찰스 임스, 이사무 노구치勇野口, Isamu Noguchi 같은 재능 있는 디자이너를 고용했습니다. 그들을 현대적이고 미국적인 가구 개발의 주역으로 만든, 말 그대로 디렉터였죠. 또 그는 1950~1960년대에 걸쳐 수많은 걸작 의자와 조명을 디자인 했는데요. 특히 1964년에 개발한 시스템 가구 액션 오피스 Action Office가 대표적입니다.

의자 이름 마시멜로Marshmallow / **생산 연도** 1956 / **제조사** 허먼 밀러(미국)
'셀프 스키닝Self-Skinning' 폼 패드라는 소재를 실험하기 위해 만든 것으로 탄력성과 비용 측면에서는 실패했지만 디자인 측면에서는 새로운 해법을 선보였다. 여러 개의 원형 쿠션을 이어 만드는 모듈식 디자인으로 대량 생산이 가능하다.

에로 사리넨 '움 체어' '튤립 체어'

고급 인테리어의 필수품 에로 사리넨Eero Saarinen은 건축가 에리엘 사리넨Eliel Saarinen의 아들이며 1923년까지 핀란드에 살다가 미국으로 이민온 디자이너입니다. 크랜브룩 아카데미Cranbrook Academy of Art에서 강의하던 중 찰스 임스, 후에 혁신적인 가구 회사인 놀 인터내셔날을 설립한 한스 놀Hans Knoll, 플로렌스 슈스트Florence Schust Knoll한스 놀의 아내가 뒤를 만났죠. 사리넨은 찰스 임스와 함께 좌석과 등받이, 팔걸이가 일체형으로 결합된 의자를 만들었어요. 이 의자는 1940년에 뉴욕 모마The Museum of Modern Art가 주최한 '가정용 가구의 유기적 디자인' 공모전에서 1등상을 수상했습니다. 그 뒤 찰스 임스는 허먼 밀러를 위해, 에로 사리넨은 놀을 위해 일했는데 두 회사는 전후 미국 모던 가구를 주도하는 회사가 됐죠.

임스 부부와 달리 사리넨은 좀더 고급스러운 취향의 가구를 디자인했습니다. 하나의 다리로 디자인한 튤립 체어Tulip Chair는 일체형 몸체를 실현한 의자죠. 유기적으로 통합된 형태에 천착하는 그의 성격을 잘 보여주는 대표작이고요. 역시 일체형 몸체인 움 체어Womb chair는 앉는 이가 엄마의 자궁 속에 들어앉은 것처럼 편안함과 안정감을 느끼게 하죠. 그래서 이름도 움 체어랍니다.

조각적인 태도는 건축에서도 드러나는데요, 새나 비행기를 연상시키는 포물선 형태의 지붕이 그것이죠. 1963년에 완공된 뉴욕 TWA 공항이 대표작입니다. 이런 건축과 의자 덕분에 사리넨은 유기적 디자인의 선구자로 평가받고 있답니다.

의자 이름 움 체어 / **생산 연도** 1947 / **제조사** 놀 인터내셔널(미국)
엄마의 자궁 속처럼 편안함과 안정감을 느낄 수 있다는 의미로 움 체어라 이름 지었다.
2차 세계대전 동안 발전한 플라스틱 성형 기술을 활용해
합판 성형으로는 구사하지 못했거나 제작이 비효율적이었던 부분을 개선한 제품이다.

의자 이름 튤립 체어 / **생산 연도** 1956 / **제조사** 놀 인터내셔널(미국)
좌석 내부는 섬유 유리로 보강하고 겉은 플라스틱으로 감쌌다.
알루미늄으로 제작한 기둥 역시 플라스틱으로 감싸 마치 좌석과 기둥이 하나로 연결된 듯 보이는 구조다.
튤립 의자는 이후 모던 디자인 가구의 모태가 되었다.

찰스 & 레이 임스 부부 '라 셰즈' 'DAR'

섬유 유리 의자의 대표 주자 주인 없는 학교 의자란 거칠게 다뤄지기 마련이어서 일단 튼튼해야 하고, 청소를 하려면 이동이 쉽고 가벼워야 하며, 무엇보다 저렴해야 합니다. 견고하고 가공이 쉬워서 대량 생산이 가능한 금속과 합판은 이 모든 조건을 충족시키는 훌륭한 소재죠. 우리가 그토록 오랫동안 앉아온 이 합판 의자를 대중화시킨 주인공이 찰스 임스Charles Eames와 레이 임스Ray Eames 부부라는 사실, 알고 계신가요? 합판을 자유롭게 곡선으로 구부리는 곡목 기술은 이미 1930년대에 핀란드의 알바 알토가 발전시켰습니다. 단, 그의 곡목 기술은 2차원에 한정된 것이었죠. 3차원의 합판 면을 프레스로 눌러 자유롭게 성형하고 이를 대량 생산하는 기술은 임스 부부가 완성한 것입니다. 1941년에 이들은 미국 해군에게 의뢰 받아 2차 세계대전의 부상병을 위한 부목과 들것을 제작하는데요, 이를 통해 3차원 성형 합판 기술의 노하우를 쌓게 됩니다. 이후 1946년에 뉴욕 모마의 초청으로 〈찰스 임스의 새로운 가구〉라는 전시회를 열었는데, 이때 발표한 다양한 3차원 성형 합판 의자는 상업적으로 성공했을 뿐만 아니라 많은 디자이너들이 합판 의자를 만드는 계기가 되었죠.

1948년에는 섬유 유리*로 만들어 좌석과 등받이, 팔걸이가 일체형 구조인 DAR 시리즈, 라 셰즈를 발표했죠. 대량 생산

의자 이름 라 셰즈 / **생산 연도** 1948 / **제조사** 비트라(스위스)
뉴욕 모마가 개최한 '국제 저비용가구 디자인 공모전'에 출품한 의자로
조각가 가스통 라 셰즈Gaston La Chaise의 '플로팅 피규어Floating Figure'라는 작품에서 영감을 받아
디자인했다. 다리를 의자 위에 올려놓고 앉을 수 있다.

에 적합한 이 의자 시리즈는 대단한 인기를 끌었을 뿐만 아니라 이후 가구 디자인에 큰 영향을 주었습니다.

허먼 밀러와 지속적으로 일한 임스 부부는 1950년대 말부터는 알루미늄이라는 새로운 재료에 도전해 모던하고 고급스러운 사무 의자를 발표했어요. 임스 부부는 현대적 의자의 표준인 3차원 성형 합판 의자, 섬유 유리로 제작한 일체형 셸 구조 의자, 알루미늄을 재료로 한 사무 의자, 공항 의자와 같은 대중적 의자를 창조한 것만으로도 모던 디자인에서 빼놓을 수 없는 인물이죠.

* **섬유 유리**
알칼리 성분이 적은 유리를 길고 가늘게 만든 인조 장섬유로 파이버 글라스Fiber Glass라고도 불린다.
단열성이 뛰어나고 녹슬지 않는데다 가공이 쉽다.

의자 이름 텐덤 슬링 시팅Tandem Sling Seating / **생산 연도** 1962 / **제조사** 허먼 밀러(미국)
오하라 국제공항에 설치한 라운지용 의자다. 나무 벤딩 기술에 이어 알루미늄을 활용한
임스 부부의 연작 중 하나로 오늘날까지도 미국 내 일부 공항에는 이 의자가 놓여 있다.

의자 이름 소프트 패드 체어Soft Pad Chair / **생산 연도** 1969 / **제조사** 허먼 밀러(미국)
알루미늄 의자에 가죽 또는 천으로 마감한 쿠션을 더해 고급스럽게 디자인한 사무실 의자다.
경량 알루미늄 프레임, 회전과 높이 조절이 가능한 틸트, 시트 경사 조절 장치 등이 장착되어 있다.

의자 이름 DAR / **생산 연도** 1948 / **제조사** 허먼 밀러(미국)
시트와 등받이, 팔걸이 등의 요소를 하나의 조형으로 녹여내
당대 사람들로부터 20세기 중반 가장 혁신적인 디자인이라는 평가를 받았다.
당시 생소했던 소재인 섬유 유리를 사용해 성형한 의자다.

의자 이름 DKR / **생산 연도** 1951 / **제조사** 허먼 밀러(미국)
강철이나 알루미늄 소재를 구부리고 용접하는 당시로서는 혁신 기술을 적용한 의자다.
신체의 굴곡에 대한 연구를 바탕으로, 교차로 짠 철사를 이용해 만들었다.
원가를 절감하고 강도를 높이기 위해 가벼운 철사를 선택한 것이다.

아르네 야콥센 '앤트 체어' '시리즈 세븐'

가구 회사를 먹여 살리는 의자 아르네 야콥센Arne Jacobsen은 몰라도 앤트 체어와 시리즈 세븐을 모르는 사람은 별로 없을 거예요. 그만큼 이 두 의자의 명성은 확고부동하며, 엄청난 양이 판매됐죠. 지금도 여전히 잘 팔리는 스테디셀러이고요. 덴마크의 가구 회사 프리츠 한센은 이 두 의자의 성공에 힘입어 국제적인 가구 회사로 성장했습니다. 앤트 체어와 시리즈 세븐 말고도 야콥센이 디자인한 스완 체어, 에그 체어 역시 수십 년간 큰 인기를 끌고 있죠.

야콥센은 무겁고 비싼 나무 프레임으로 제작하는 덴마크 가구의 전통을 깨고, 가볍고 저렴한 합판과 금속 프레임으로 의자를 만들었죠. 특히 그는 단순하지만 개성이 뚜렷한 의자를 만드는 데 재능을 보였습니다. 그가 가구 디자이너로서 명성을 얻기 시작한 건 50대에 접어들어서입니다. 새로운 기술과 디자인을 가열차게 받아들이는 정력적인 인물로, 특히 찰스와 레이 임스 부부가 개발한 3차원 성형 합판 기술을 고스란히 받아들였죠. 합판과 가느다란 금속 튜브를 결합한 앤트 체어를 1952년에, 시리즈 세븐을 1955년에 발표했어요. 이 의자들은 덴마크 가구의 전통을 따르기보다 보편적인 미학을 보여줍니다. 그래서 전 세계적으로 인기를 끌었는지도 모르겠군요. 장인의 노련하고 세심한 기술이 아닌 공장에서의 새로운 기술로 양산한다는 점도 역시 차별화된 점이죠.

의자 이름 앤트 체어 / **생산 연도** 1952 / **제조사** 프리츠 한센(덴마크)
잘록한 허리의 개미를 닮아 붙은 이름이다. 압축 성형 합판으로 제작한 몸통과 스틸 다리만으로
이루어져 있다. 초기 모델은 다리가 3개였는데, 아르네 야콥센 사후에
다리가 4개인 모델도 생산하기 시작했다.

2장 갖고 싶은 20세기 이후의 의자와 디자이너

의자 이름 시리즈 세븐 / **생산 연도** 1955 / **제조사** 프리츠 한센(덴마크)
앤트 체어의 업그레이드 버전으로 압축 성형한 합판으로 만들었다.
1955년 아르네 야콥센이 찰스와 레이 임스 부부의 초기 디자인에서 영향을 받아 디자인했다.

의자 이름 스완 체어 / **생산 연도** 1957 / **제조사** 프리츠 한센(덴마크)
래디슨 블루로열 호텔 코펜하겐의 로비와 라운지를 위해 디자인한 의자다.
직선 없이 곡선으로만 이루어진 스완 체어는 당시 기술로는 매우 혁신적인 의자였다.
곡선의 우아한 형태와 달리 회전 의자라 활동적이다.

핀 율 '펠리컨'

가구 콜렉터들이 열광하는 그 의자 오늘날 가구 콜렉터들을 열광시키는 디자이너를 꼽을 때 핀 율Finn Juhl은 절대 빠지지 않는 인물이죠. 하지만 핀 율은 덴마크 가구 디자이너 가운데에서도 아르네 야콥센이나 한스 웨그너보다 덜 대중적이에요. 그의 가구는 대량으로 생산하지도 않았고, 따라서 베스트셀러가 된 적도 없습니다. 그의 가구는 당대 최고 장인의 손을 거쳐 소량만 만들었으니까요. 바로 이런 점이 오히려 핀 율의 가치를 높여주었죠. 그가 디자인한 의자의 우아한 프레임은 조각의 경지에 올라 있습니다. 펠리컨 한 마리가 날개를 펼친 듯한 펠리컨 체어Pelican Chair처럼 말이죠. 사실 대니시 모더니즘 하면 떠오르는 최고 품질의 이미지는 핀 율의 공헌이 큽니다. 덴마크 왕립미술아카데미에서 건축을 전공하고, 건축과 실내 디자인 일을 하던 핀 율은 자신이 쓰고 싶은 가구가 시장에 없다는 것을 알고 가구 디자인을 시작했어요. 가구 디자인을 체계적으로 배우지 않았기 때문에 관습에 얽매이지 않는 가구를 만들 수 있었던 거죠. 당시 덴마크에서 최고의 가구 장인으로 손꼽힌 닐스 보더Niels Vodder가 그의 디자인을 구체화해준 공도 큽니다. 1940년대 덴마크에서는 많은 가구 디자이너들이 기능을 철저히 파고드는 가구를 디자인했는데, 이에 반해 핀 율은 프레임이 자유롭고 조각적인 형태의 의자를 디자인했어요. 최고급인 티크 나무를 가지고 말이죠. 바로 펠리컨 체어처럼.

의자 이름 펠리컨 / **생산 연도** 1940 /
제조사 닐스 보더(덴마크) / **현재** 원 컬렉션One Collection(일본)
조각과 가구의 경계선에 위치하는 핀 율의 가구 디자인을 대표하는 의자 중 하나다.
추상 조각가 장 아르푸Jean Arp와 헨리 무어Henry Moore에게 영향을 받아 디자인했다.
펠리컨이 날개를 펼친 듯한 디자인으로 유명하다.

폴 키에르홀름 'PK24' 'PK25'

선으로 보여줄 수 있는 극단의 미니멀리즘 폴 키에르홀름Poul Kjaerholm은 아르네 야콥센과 함께 전후 북유럽 디자인의 급진적인 방향을 보여준 대표적 디자이너로 손꼽힙니다. 무엇보다 그는 기능보다는 미학적 긴장에 몰두한 디자이너죠. 그래서 따뜻한 감성의 북유럽 디자인과는 많이 다른 디자인을 선보였습니다. 키에르홀름은 미니멀리즘의 극단을 보여주었습니다. 그에게 많은 영향을 준 사람은 미국의 찰스와 레이 임스, 바우하우스의 미스 반데어로에, 데 스틸의 허릿 릿벌트입니다.

학생 시절부터 두각을 나타낸 키에르홀름은 1950년에 PK0 의자를 발표했는데요, 유기적 형태와 합판을 재료로 한 것에서 임스 부부의 영향을 읽을 수 있죠. 1950년대에 그는 매우 급진적으로 보이는 가구를 연속해서 발표했답니다. 미스 반데어로에의 바르셀로나 체어를 더욱 극단적인 미니멀리즘 형태로 밀어붙여 디자인한 PK22가 그 좋은 예죠. 이 디자인에서 접합 부위가 전혀 안 보이게 하려는 노력은 디테일을 강조한 미스 반데어로에의 강령을 따르고 있고요. 이러한 그의 디자인 성향은 대학 졸업 작품인 PK25에서도 엿보입니다. PK24는 선으로 보여줄 수 있는 가장 미니멀하고 우아한 아름다움의 의자죠.

의자 이름 PK24 / **생산 연도** 1965 / **제조사** 1970년부터 프리츠 한센(덴마크)
머리와 다리가 놓이는 위치에 물리적인 연결고리가 없어 균형감과 긴장감을 느끼게 한다.

의자 이름 PK25 / **생산 연도** 1951 / **제조사** 프리츠 한센(덴마크)
폴 키에르홀름의 대학 졸업 작품.
연결 부품 하나 없이 하나의 금속 프레임을 구부려 골격을 만들었다.

한스 웨그너 'CH24' '라운드 체어'

의자의 의자 북유럽 디자인의 인기는 특히 일본과 한국에서 폭발적이죠. 그 중 한스 웨그너Hans Wegner의 의자에서 북유럽 디자인의 정수를 느끼는 경우가 많을 거예요. 단정하고 간결한 형태, 완벽한 비례, 흠잡을 데 없는 마감, 그리고 면보다 선의 아름다움이 두드러진 그의 의자는 오래 두고 볼수록 정이 가고 사랑스럽죠.

한스 웨그너는 대학에 들어가기 전 캐비닛 메이커의 도제로 들어가 가구 제작 기술을 익혔어요. 5년간의 도제 생활 뒤 덴마크 공과대학Danmarks Tekniske Universitet에서 건축을 배웠죠. 이후 1943년까지는 아르네 야콥센의 회사에서 근무했어요. 야콥센이 추구한 엄격한 모더니즘이 그에게 많은 영향을 미쳤지만, 그는 야콥센보다는 좀더 전통적 형태를 현대적으로 해석하는 것에 관심을 가졌죠. 대량 생산 방식보다는 우수한 장인의 기술을 활용하려 했고요. 요하네스 한센Johannes Hanssen이 운영하는 가구 회사를 통해 가구를 선보이기 시작했는데, 그 중에서도 1949년에 발표한 '라운드 체어Round Chair'는 '의자의 의자'로 평가될 정도로 세계적 명성을 얻었죠. 그가 1940~1950년대에 디자인한 가구는 대부분 좌석을 제외하고 면을 찾아볼 수 없어요. CH24만 봐도 등받이가 프레임만으로 이루어져 뻥 뚫려 있죠. 재료를 최소한으로 사용하고 시각적으로 막힘이 없는 형태에서 부담스럽지 않은 간결함과 소박함, 가벼움을 느낄 수 있습니다.

의자 이름 CH24 / **생산 연도** 1949 / **제조사** 칼 한센 앤 손(덴마크)
Y자 모양의 등받이가 가장 큰 특징으로 Y체어라고도 부른다.
중국 명나라 의자를 모티프로 디자인한 의자로 심플하면서도 깔끔한 윤곽이 특징이다.
복잡하지 않은 외관이지만 100가지 이상의 공정을 거치며 모두 수공예로 제작한다.

의자 이름 라운드 체어 / **생산 연도** 1949 / **제조사** PP 모블러PP Møbler(덴마크)
1950년대 미국 잡지 〈인테리어〉에서 '세상에서 가장 아름다운 의자'로 소개되며 한스 웨그너에게
세계적인 디자이너라는 명성을 안겨준 의자다. 1960년 미국 대선 당시 민주당의 케네디 후보가
CBS TV토론회에서 이 의자를 사용해 '케네디 체어'라고도 부른다.

풍요의 시대
1960~1970

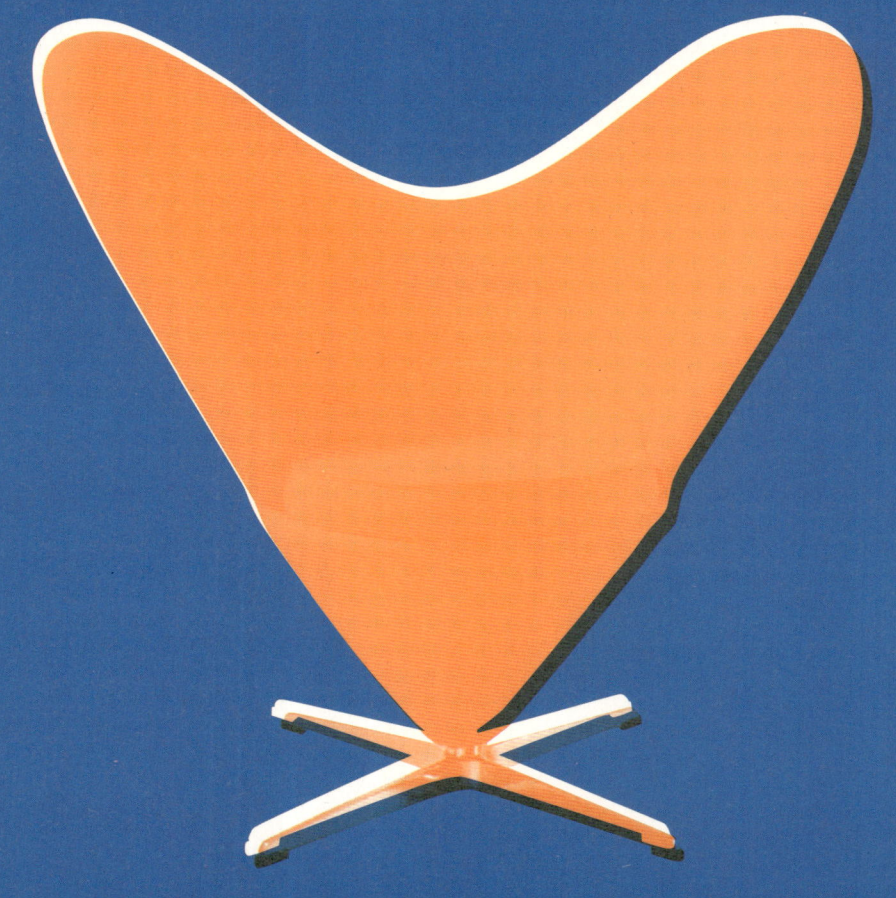

2차 세계대전이 끝난 뒤 영국은 전쟁 중 사용한 무기를 녹여 재활용하는 방식으로 물건을 만들었어요. 이렇게 제한적인 재료와 자본 아래에서 영국은 뒤늦게 모더니즘을 받아들이게 됐죠. 유럽의 다른 나라들 역시 값싼 재료와 전통 공예 기술을 바탕으로 가구를 생산했어요. 하지만 그런 내핍 경제는 오래가지 않았죠. 1950년대 중반부터 유럽은 역사상 가장 풍요로운 시대를 맞이합니다. 전후의 폐허를 이미 극복했고, 전쟁의 암울한 기억이 없는 새로운 세대가 소비 시장을 지배하기 시작한 거죠. 그러자 일회적이고 가볍고 재치 있고 심지어 불손하기까지 한 디자인이 대중의 환호를 받기 시작합니다. 저급 문화로 평가받던 공상 과학 소설, 영화, 만화, 광고, 포장 등으로부터 태어난 팝아트가 1960년대를 지배하게 된 거죠. 여기에 플라스틱이라는 재료가 등장하자 의자는 이전에는 상상할 수 없던 기묘한 형태와 색채를 띠기 시작합니다. 풍요의 시대 속 의자는 과연 어떻게 진화했을까요?

로빈 데이 '폴리프롭'

수많은 모방작을 낳은 영국 최고 의자 로빈 데이Robin Day는 영국을 모던 가구의 중심지로 이끄는 데 큰 역할을 한 디자이너입니다. 그는 버킹엄셔 지방의 기술학교에서 가구 제작을 공부한 뒤 왕립미술대학Royal College of Art을 졸업했죠. 1948년에 뉴욕 현대미술관이 개최한 '저가 가구 디자인Low-Cost Furniture Design' 공모전의 수납용 가구 부문에서 3000대 1의 경쟁률을 뚫고 1등상을 받았답니다. 이를 계기로 영국의 가구 회사 힐레Hille의 부름을 받게 됩니다. 로빈 데이는 1950년부터 이 회사의 디자인 감독이 되어 20년간 영국 모던 가구의 트렌드를 주도했습니다. 특히 1962년에 발표한 폴리프롭 의자는 〈건축 저널〉이 "전후 영국에서 대량 생산된 디자인 제품 중 가장 중요한 발전이 될 것"이라는 예측에 딱 들어맞는 성공을 거둔 제품이죠. 로빈 데이는 1960년대 가볍고 튼튼하고 유연하며 제작 과정에서 마감이 거의 필요 없는 재료인 플라스틱에 주목했어요. 수년의 연구 끝에 한 번의 사출성형으로 플라스틱 의자를 생산하는 데 성공했습니다. 그 의자가 바로 폴리프롭Polyprop인데, 이 의자는 수많은 모방작을 낳은 영국 최고의 의자로 평가되고 있습니다.

의자 이름 폴리프롭 / **생산 연도** 1962 / **제조사** 힐레(영국)
합성수지의 하나인 '폴리프롭'을 이름으로 지은 의자.
로빈 데이는 카페, 구내식당, 경기장, 강연장 등 다양한 용도에 따라
다리 프레임을 다양하게 변형해 디자인했다.

카스틸리오니 형제 '메차드로' '셀라'

유머와 실험 정신의 최고봉 전후 이탈리아 가구 디자인은 유기적 형태의 고급스러운 가구로 변모합니다. 그리고 팝아트*와 래디컬 디자인**, 포스트모더니즘으로 진화하죠. 피에르 자코모Pier Giacomo Castiglioni와 아킬레 카스틸리오니Achille Castiglioni 형제는 이탈리아 가구가 발전하는 데 혁혁한 공을 세운 인물들입니다. 그들이 내놓은 독특한 형태, 유머 감각과 뜻밖의 문제 해결 방식을 살펴보면 급진주의자들 같아 보여요. 예를 들어 그들이 디자인한 가구 메차드로Mezzadro와 셀라Sella는 다다이스트*** 마르셀 뒤샹Marcel Duchamp이 한 것처럼 레디메이드**** 방식을 차용했죠. 기존의 트랙터 의자와 자전거 안장을 활용해 의자 좌석을 만든 점이 흥미롭습니다. 야외용 의자인 알루나지오Allunaggio는 1960년대 우주 개발 시대의 미래적인 시각을 불어넣은 것으로 좌석을 받치고 있는 3개의 다리가 마치 달에 안전하게 내린 우주선 다리 같은 모양을 하고 있습니다. 이는 1960년대 팝 디자인의 영향을 보여주기도 해요. 이처럼 카스틸리오니 형제의 가구는 유머와 재치, 다른 사람들은 도저히 생각하지 못할 실험 정신으로 가득합니다. 카스틸리오니 형제의 디자인은 합리주의를 바탕으로 하면서 풍자적인 유머와 조각적 형태가 가미되어 '합리적 표현주의*****'라는 평가를 받고 있습니다.

* 팝아트

1950년대 미국과 영국에서는 대량 생산과 대량 소비가 최고치에 이르게 되었다. 사람들은 자연이나 환경보다 광고, 대중매체에 더 친숙해졌다. 이에 착안해 TV나 잡지, 광고에 등장하는 이미지를 작품의 재료로 활용해 선보인 예술 장르다. 팝아트가 번성한 시기는 1960년대. 순수 예술뿐만 아니라 장식 예술에도 큰 영향을 주었다.

** 래디컬 디자인

기존의 디자인 관습에 저항한 운동으로 스튜디오 알키미아Studio Alchimia를 거쳐 그룹 멤피스Memphis로 활발하게 전개되었다. 사물을 통해 얻은 미적 경험이 중요한 사회적 역할을 한다고 생각했다.

*** 다다이스트

다다이즘을 주장하는 사람. 다다이즘이란 1920년대 독일, 스위스의 전위적인 미술가와 작가들이 본능, 자발성, 불합리성을 강조하면서 관습과 체제에 반발한 운동이다.

**** 레디메이드

뒤샹은 소변기나 삽처럼 대량 생산된 물건을 전혀 변형시키지 않고 제목만 붙여 전시함으로써 그 물건을 조각으로 승화시켰다. 이러한 그의 작품을 가리켜 레디메이드라 부른다. 전후 서구 미술, 특히 팝아트, 신사실주의, 개념미술 등에 영향을 끼쳤다.

***** 표현주의

조형예술에서 생겨난 미술운동으로 20세기 초에 특히 독일에서 커다란 영향력을 발휘했다. 색채, 역동성, 감정과 같은 요소들을 중요시한다. 현실적이거나 아름다운 형태를 중요하게 여기지 않는 경향이 있다.

의자 이름 메차드로 / **생산 연도** 1957 / **제조사** 자노타(이탈리아)
마르셀 뒤샹이나 피카소가 선보였던 레디메이드 방식으로, 트랙터의 좌판을 빌려 쓴 캔틸레버 의자다.
좌판과 휘어진 다리 1개, 나무 지지대로만 구성되어 있다.
지나치게 아방가르드하다는 평가를 받고 발표한 지 16년이 지난 1970년에야 출시했다.

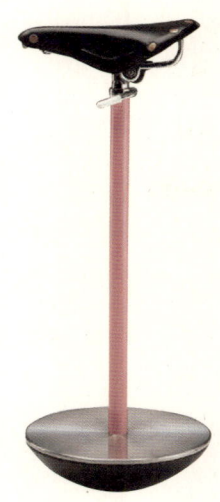

의자 이름 셀라 / **생산 연도** 1957 / **제조사** 자노타(이탈리아)
전화 통화를 하면서 왔다 갔다 하길 좋아했던 아킬레 카스틸리오니가
간간이 앉고 싶을 때 사용할 의자가 필요해 만들었다. 좌석은 자전거 안장이다.

의자 이름 알루나지오 / **생산 연도** 1966 / **제조사** 자노타(이탈리아)
1960년대 우주 개발 시대를 맞이해 미래적인 시각을 불어넣었다. 마치 달에 안전하게 내린
우주선의 다리와 같은 모양이다. 카스틸리오니 형제의 유머와 재치가 고스란히 담긴 디자인.

에로 아르니오 '볼 체어' '버블 체어'

팝 문화의 심벌 1960년대 밝고 자유로운 팝 문화를 대변하는 대표 디자이너를 꼽으라면 단연코 에로 아르니오Eero Aarnio와 베르너 판톤Verner Panton이죠. 두 사람 모두 전통과 장인정신, 기능성을 중요하게 여기는 북유럽 출신이기 때문에 더욱 이채롭게 느껴집니다. 이들은 서로 교류하며 자신들의 디자인을 발전시켰는데요, 아르니오는 1963년에 '볼 체어Ball Chair'를 발표하며 유명세를 타기 시작했습니다. 사실 볼 체어가 그의 이름보다 더 유명할지도 모르겠군요. 〈뉴욕 타임스〉는 볼 체어를 가리켜 "인간의 신체를 감싸주는 가장 편안한 형태"라고 극찬하기도 했습니다. 이후 아르니오는 볼 체어를 천장에 매단 형식의 버블 체어Bubble Chair와 파스틸 체어Pastil Chair 같은 1960년대 팝 문화의 심벌들을 발표했죠. 그의 디자인은 단순하고 유기적인 모양을 띠며 강렬한 원색을 사용한다는 것이 특징입니다. 이러한 특징 때문에 SF 영화를 유심히 살펴보면 그의 가구를 심심치 않게 발견할 수 있습니다.

의자 이름 볼 체어 / **생산 연도** 1963 / **제조사** 아델타(독일)
방 안의 방이라는 개념으로 디자인한 의자.
당시만 해도 혁신적인 소재인 섬유 유리로 몸체를 제작하고 이를 회전하는 금속 받침 위에 올렸다.
의자 안쪽에는 빨간색 전화기도 있다.

조 콜롬보 '엘다' '튜브' '멀티 체어'

융통성이라면 따라올 의자 없다! 조 콜롬보Joe Colombo는 만화 같은 삶만으로도 1960년대 이탈리아 디자인계의 영웅이 될 만한 인물입니다. 큰 체구와 턱수염, 파이프 담배, 그리고 41세라는 젊은 나이에 연인의 품 속에서 심장마비로 사망한 것이 그렇고요. 조각적인데다 기능상으로도 혁신적인 가구 디자인, 주거 시스템과 생활 환경에 걸쳐 놀랍도록 많은 프로젝트를 해치운 것까지 말이죠.

1963년에 발표한 엘다 체어Edla Chair를 시작으로 그의 화려한 가구 디자인 경력이 시작됐습니다. 콜롬보 하면 떠오르는 이미지는 바로 이 엘다 체어에 앉아 파이프 담배를 물고 있는 털보 얼굴입니다. 이 의자의 가장 큰 특징은 소시지처럼 생긴 쿠션이 등받이와 팔걸이에 부착되어 있다는 거예요.

그는 화려한 색상, 유기적 형태, 합성수지의 활용이라는 1960년대 이탈리아 디자인의 특징에서 한발 더 나아갔는데요, 모듈 시스템을 적용해 상황에 따라 융통성 있게 변형할 수 있는 가구를 만든 게 그것이죠. 그 좋은 예가 애디셔널 시스템 Additional System과 튜브Tube, 멀티 체어Multi Chair죠. 이 의자들은 길이와 높낮이가 다른 쿠션을 빼고 첨가하고 움직여서 의자 형태를 자유롭게 조절할 수도, 목적에 따라 변형할 수도 있어요. 이런 디자인을 통해 우리는 그가 기능적으로 새로운 생활환경을 만들고자 했음을 짐작할 수 있죠.

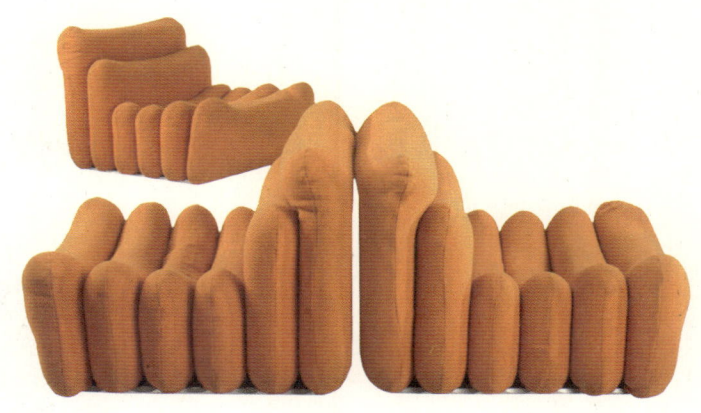

의자 이름 애디셔널 시스템 / **생산 연도** 1968 / **제조사** 소르마니Sormani(이탈리아)
금속 판 위에 쿠션을 꽂는 형식으로 다양한 형태의 조합이 가능하다.
길이와 높낮이가 다른 쿠션으로 의자의 형태를 자유롭게 조절할 수 있다.

의자 이름 엘다 / **생산 연도** 1963 / **제조사** 콤포트Comport(이탈리아)
사랑하는 아내의 이름을 붙여 디자인한 의자로 섬유 유리 소재와 가죽이 절묘하게 어우러졌다.
360도 회전이 가능하다.

의자 이름 튜브 / **생산 연도** 1969 / **제조사** 플렉스폼Flexform(이탈리아)
PVC 통에 폴리우레탄폼을 감싸 만든 조립식 모듈형 의자다.
필요에 따라 자유롭게 조합과 배열이 가능해 여러 사람이 앉을 수 있다.

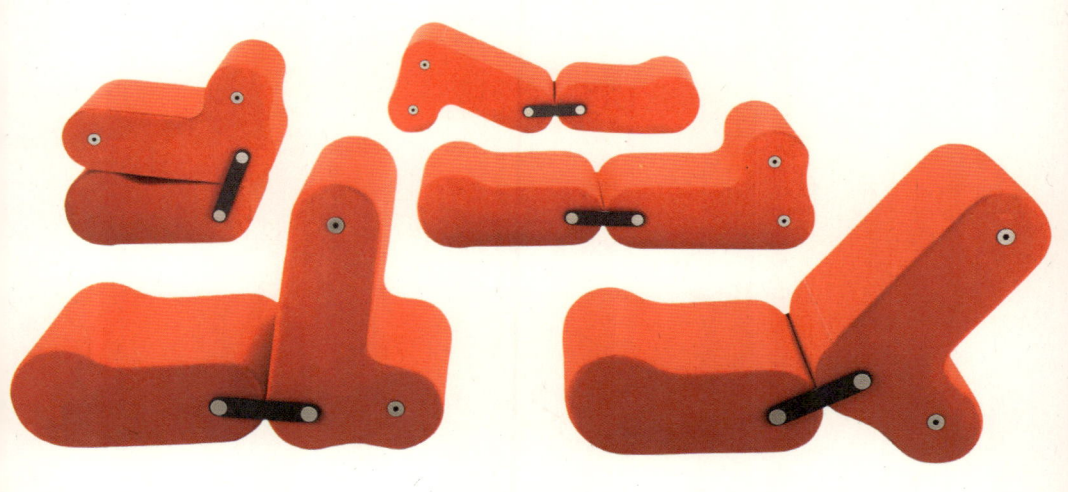

의자 이름 멀티 체어 / **생산 연도** 1970 / **제조사** 소르마니(이탈리아)
신축성 있는 2개의 패브릭 쿠션으로 구성했다.
분리, 합체가 가능해 쉽게 용도를 바꿀 수 있다.

베르너 판톤 '판톤 체어' '콘 체어'

발랄한 팝 디자인의 정수 북유럽 국가 중에서도 가구 디자인 분야에서 가장 활발한 활동을 보인 덴마크 출신의 건축가이자 디자이너 베르너 판톤Verner Panton. 그는 아이러니하게도 북유럽의 가구 전통과는 확실히 다른 스타일을 보인 디자이너죠. 눈에 띄게 화려하고 독특한 스타일 때문에 덴마크의 가구 회사는 물론 스위스의 비트라, 미국의 허먼 밀러 같은 회사와 일하기도 했어요. 그는 특히 화사하고 발랄한 팝 디자인*을 발전시킨 중심 인물입니다.

그를 가구 디자이너로 세상에 알린 첫 번째 프로젝트는 1958년에 자신의 부모가 경영하는 레스토랑을 위해 디자인한 콘 체어Cone Chair예요. 레스토랑 인테리어를 온통 붉은색으로 하고 여기에 어울리는 독특한 모양의 콘 체어를 디자인했는데, 이것이 가구업자의 눈에 띄어 인테리어 잡지를 장식했고, 뉴욕의 매장까지 진출하는 계기가 되었죠.

1959년에 디자인한 판톤 체어Pantone Chair는 부품의 연결이 필요 없는 최초의 일체형 가구로, 나중에 플라스틱 사출성형

---

* **팝 디자인**
팝은 파퓰러Popular의 약자로,
1950년대에 출현한 대중문화를 지칭하는 단어다.
팝 디자인은 앤디 워홀과 인디펜던트 그룹의 팝 아트에 이어
1960년대에 나타난 현상으로 팝 문화의 이미지와 개념을
디자인에서 의식적으로 사용했다.

의자 이름 콘 / **생산 연도** 1958 / **제조사** 플러스-리니에Plus-Linje(덴마크), 현재 비트라(스위스)
십자 모양의 금속 받침 위에 원뿔을 뒤집어놓은 형태로 다리가 없는 의자라는 것만으로도
당시로는 파격적인 디자인이었다. 이 의자가 뉴욕 가구 숍에 처음 전시됐을 때
일대 교통이 마비될 정도였다는 일화가 있다.

의자 이름 하트 콘Heart Cone / **생산 연도** 1958 / **제조사** 플러스-리니에(덴마크) / 현재 비트라(스위스)
콘 의자의 변형. 하트 모양을 이루는 등받이의 조형미가 돋보인다.

으로 생산해 큰 인기를 얻기도 했습니다. 1960년대의 자유롭고 낙관적인 분위기와 발맞춰 혁신적인 형태와 새로운 재료, 선명한 원색의 디자인을 선보였습니다. 그가 디자인한 의자는 유기적인 곡선이 대다수였고, 이런 형태는 첨단 합성수지 기술로 구현되었죠. 그는 팝 아트, 우주개발과 같은 시대적 흐름을 디자인에 적절히 반영하기도 했습니다. "별로 성공적이지 못한 실험일지라도 진부한 아름다움보다는 낫다." 베르너 판톤이 남긴 말입니다. 팝 디자인계의 중심 인물이었던 그의 철학이 보이지 않나요?

의자 이름 판톤 체어 / **생산 연도** 1968 / **제조사** 비트라(스위스)
플라스틱 용액을 금형 안에 넣고 한 번에 사출성형해 만들었다.
플라스틱이기에 가능한 기발한 형태, 화려한 색상 때문에
미디어의 주목을 받으며 팝 디자인을 대표하는 아이콘이 되었다.

포스트모더니즘의 시작
1970~1985

지금부터 살펴볼 의자를 제대로 이해하려면 포스트모더니즘에 대해 조금이라도 알고 들어가야 해요. 건축가 로버트 벤투리가 쓴 《건축의 복합성과 대립성》에 포스트모더니즘에 대해 설명한 부분이 있죠. "순수하기보다는 혼성적이고, 분명하기보다는 타협적이며, 바르기보다는 왜곡되었으며, 명료하기보다는 애매모호하고, 냉담한 동시에 성마르고, 계획된 것이기보다는 인습적이고, 배타적이기보다는 다정하고, 단순하기보다는 과잉되고, 혁신적인 동시에 퇴화했으며, 직접적이고 분명하기보다는 일관성이 없고 모호한 요소들." 여전히 이해가 쉽지 않죠? 그래도 이보다 포스트모더니즘을 잘 설명해주는 글은 없을 것입니다. 천천히 곱씹어 읽어보면 이해가 될 거예요. 이러한 특징을 가진 포스트모더니즘의 기반 위에서 태어난 포스트모던 가구는 어떻게 보면 싸구려처럼 보이죠. 솔직하고 변덕스럽고 이국적이고 요란하니까요.

로버트 벤투리 '퀸 앤 체어'

장식만이 살 길이다 로버트 벤투리Robert Venturi가 남긴 의자는 미국의 가구 회사 놀에서 생산한 9개그것도 비슷한 구조에 장식만 조금씩 다른가 전부이지만, 그가 포스트모던 건축과 가구에 미친 영향력은 무시할 수 없죠. 벤투리는 1966년에 출간한 《건축의 복합성과 대립성》, 1972년에 출간한 《라스베이거스의 교훈》을 통해 당시 낡은 것이 돼버린 모더니즘을 신랄하게 비판했죠. 이로써 그는 포스트모더니즘의 최고 이론가이자 건축가로 우뚝 섰습니다. 특히 모던 건축의 아버지 중 한 명인 미스 반데어로에가 말한 유명한 경구 "Less is more적을수록 많다"를 비꼬아 "Less is bore적을수록 지루하다"라고 말하면서 모더니즘의 가치를 깎아내리는 데 앞장섰죠.

놀에서 생산한 그의 의자들은 18세기 퀸 앤 양식부터 1930년대 아르데코에 이르기까지 가구 역사에서 인용한 다양한 장식과 이미지를 보여주었습니다. 로버트 벤투리는 과거 가구의 이미지에 흥미를 느꼈거든요. 그의 대표작인 퀸 앤 체어는 18세기에 활약한 자일스 그렌디Giles Grendey의 의자 형태에서 영향을 받았죠. 자일스 그렌디 의자 등받이의 장식성을 좀더 단순화한 것이 퀸 앤 체어입니다. 물론 그만의 흥미로운 문양을 더했고요.

의자 이름 퀸 앤 / 생산 연도 1984 / 제조사 놀 인터내셔널(미국)
18세기에 활약한 자일스 그렌디의 의자에서 영향을 받아 형태를 디자인하고
실크스크린으로 표면을 인쇄했다. 실크스크린한 문양은 동료의 할머니가 좋아한 식탁보 무늬와
팝 아티스트 재스퍼 존스의 회화작업에서 영감을 얻어 디자인했다.

에토레 소트사스 '테오도라' '세지올리나'

장난꾸러기 의자 리빙을 좋아하는 분이라면 아마도 올리베티의 타자기를 아실 거예요. 이 기능적이고 모던한 제품을 디자인한 사람이 에토레 소트사스Ettore Sottsass인데 사실 그는 사용할 수 없을 것 같은 환상적이고 장난기 어린 가구 디자인으로 더 유명하죠. 90세까지 장수한 소트사스는 60년 가까운 경력을 통해 한마디로 정의할 수 없는 광범위한 창작 활동을 보여준 디자이너랍니다. 전투적이고 직설적이며 지적이고 논리적인 그는 이탈리아 디자인계에서 젊은 디자이너들에게 가장 큰 영향을 미친 디자이너로 손꼽히죠.

소트사스는 1950~1960년대에 미국과 인도를 여행하며 팝 아트와 신비주의로부터 강렬한 인상을 받았는데요, 이런 경험은 그의 디자인을 모더니즘과 완전히 다른 세계로 이끌었죠. 보수가 돼버린 모더니즘을 신랄하게 비판하는 안티 디자인, 급진주의 디자인, 포스트모더니즘의 개척자로서 이탈리아의 젊은 세대를 이끌었어요. 1970년대에는 모더니즘의 합리주의를 무례할 정도로 조롱하는 아방가르드* 디자인 그룹인 스튜디오 알키미아에 참여하기 시작했고요. 1981년에 64세가 된 소트사스는 아들뻘 되는 젊은 디자이너들과 함께 멤피스 그룹을 창립하고 국제적으로 가장 잘 알려진 포스트모던 가구 운동을 주도하기도 했습니다.

소트사스는 기능보다는 의사소통의 오브제로 가구에 접근했어요. 화려하고 다양한 문화에서 영감을 받고 그것을 디자인에 인용하면서 사람들에게 이야기를 건네는 식이었죠. 기능과는 관계없어 보이는 구조, 대담한 색채의 사용, 그리고 나무를 플라스틱으로 코팅해 깊이감이란 없어 보이는 표면, 대리석이나 나무와 비슷해 보이는 장식, 아프리카 상징물이나 만화책을 뒤섞은 듯한 그래픽 등이 그의 디자인 특징이에요. 유희적이고 상징적인 오브제 앞에서 사람들이 으레 "어, 에토레 소트사스 스타일이네?"라고 하는 이유를 아시겠죠?

* **아방가르드**
최전선 부대라는 프랑스의 군사용어에서 파생된 예술 용어다. 인습적인 권위와 전통에 반발하는 예술 형식을 이른다. 일정한 형식이나 유파를 가리키는 용어가 아니라 급진적이고 실험적인 예술정신 전반에 걸쳐 사용한다.

의자 이름 신디시스Synthesis / **생산 연도** 1970 / **제조사** 올리베티(이탈리아)
에토레 소트사스가 사무 환경을 위해 디자인한 제품 중 하나다.
밝은 색상과 어딘지 모를 장난기로 포스트모더니즘을 예고하고 있다.

의자 이름 세지올리나Seggiolina / **생산 연도** 1980 / **제조사** 스튜디오 알키미아(이탈리아)
1950년대 키치 문화를 연상시키는 플라스틱 라미네이트 소재에 그래픽 패턴을 입혀
만화 같은 요소를 더했다. 유희적이고 상징적인 그의 디자인을 엿볼 수 있는 다이닝 체어.

의자 이름 웨스트사이드 콜렉션Westside Collection / **생산 연도** 1983 / **제조사** 놀 인터내셔널(미국)
장난감 블록을 쌓아 놓은 듯한 형태와 색감이다.
사용자에 따라 색을 선택, 주문할 수 있다.

의자 이름 테오도라Teodora / **생산 연도** 1986 / **제조사** 비트라(스위스)
그가 멤피스 그룹을 떠난 직후 비트라 에디션용으로 디자인한 것이다.
우아한 형태이면서도 포스트모던 디자인 특유의 가볍고도 장난기 있는 태도를 볼 수 있다.

알레산드로 멘디니 '프루스트'

"**더 이상 새로울 게 없다**" 알레산드로 멘디니Alessandro Mendini는 이탈리아의 급진적 디자이너로, 개념적이고 지적인 디자인을 선보였답니다. 〈카사벨라〉와 〈도무스〉 같은 세계적인 건축·디자인 잡지의 편집장으로 활동하면서 지식과 이론으로 무장했죠. 1970년대 말부터 그는 '지극히 따분한' 또는 '리디자인Re-design'이라는 개념의 의자들을 발표했는데, 이는 기존에 생산된 의자의 표면을 그래픽적으로 장식한 것에 불과했죠. 새로운 구조와 형태의 창조, 엄격한 기능주의와 절제를 장려하는 모더니즘을 비판한 것이죠. 그리고 기존의 것에 당대의 지식과 문화를 절충하자는 디자인 방법론을 제안했습니다.

멘디니가 1978년 스튜디오 알키미아를 통해 발표한 프루스트 암체어Proust's Armchair는 그의 이런 디자인 철학을 대변하죠. 이 의자는 새로운 것이 아무것도 없습니다. 디자인은 우리가 흔히 알고 있는 바로크 양식의 럭셔리한 의자입니다. 이 위에 패턴을 넣었다는 것이 멘디니가 한 유일한 창조 행위죠. 수많은 모던 디자이너들은 과거의 역사, 전통과 완전한 단절을 주장하며 새로운 구조, 새로운 재료, 새로운 형태, 새로운 기술을 선보이고자 각고의 노력을 기울였습니다. 그러나 알레산드로 멘디니는 더 이상 새로울 게 없다는 것을 깨달은 거예요. 그는 "이제 독창성은 없다"고 선언한 뒤 '지극히 따분함'이라는 코드를 제안했어요. 더 이상 새로운 디자인을 내놓기가 불가능하기 때문에 디자인 대신 장식을 더하겠다는 의

의자 이름 프루스트 암체어 / **생산 연도** 1978 / **제조사** 스튜디오 알키미아(이탈리아)
기성품 위에 그래픽 처리를 한 프루스트 의자는
"이제 독창성은 없다, 새로울 게 없다"는 자신의 디자인 철학을 대변하는 작품이다.
더 이상 새로운 디자인을 내놓기가 불가능하기 때문에 장식이 디자인을 대체하고 있음을 보여준다.

지를 이 의자로 보여준 거죠. 단순한 장식 행위를 넘어 의자의 개념, 나아가 디자인의 개념에 대한 멘디니의 생각을 구체화한 의자가 프루스트 체어입니다. 이후 선보인 리디자인 토넷 체어, 리디자인 바실리 암체어에도 이런 철학이 고스란히 담겨 있죠. 이런 결과물들로 그는 포스트모더니즘 디자인을 이끄는 개척자 중 한 사람이 되었습니다.

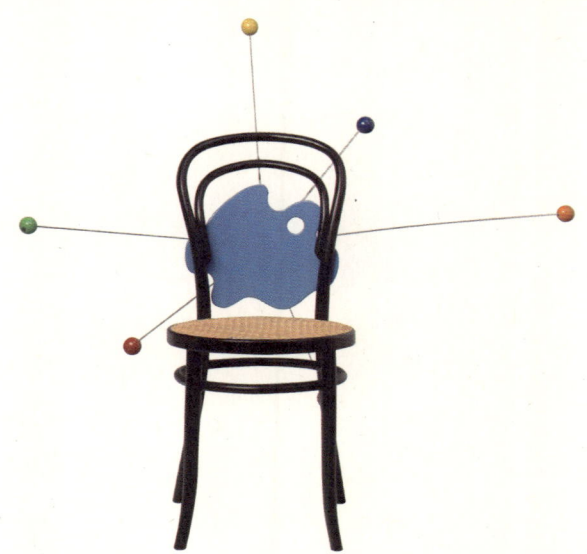

의자 이름 리디자인 토넷 체어Redesigned Thonet Chair / **생산 연도** 1979 /
제조사 스튜디오 알키미아(이탈리아)
간결한 디자인의 토넷 체어를 유머러스하면서도 초현실적인 분위기로 리디자인했다.

의자 이름 리디자인 바실리 암체어Redesigned Wassily Armchair / **생산 연도** 1978 /
제조사 스튜디오 알키미아(이탈리아)
마르셀 브로이어의 바실리 체어를 리디자인했다.

가에타노 페세 '돈나 업'

의자는 가구가 아니라 예술입니다 가에타노 페세Gaetano Pesce는 건축과 산업 디자인을 전공한 디자이너예요. 졸업 후 영화 제작자와 예술가로 활동했지만, 순수 예술의 역할에 염증을 느끼고 본격적으로 가구 디자인을 시작했죠. 1960~1970년대에 페세는 실용적인 디자인보다는 틀에 얽매이지 않은 창작 가구, '죽음'이나 '소외'를 주제로 한 상징적인 가구를 선보였는데요, 그의 대표작인 업Up 시리즈 중 돈나Donna는 억압당하는 여성에 관한 상징적 이야기가 담긴 의자입니다. 폴리우레탄으로 여성의 신체를 표현한 이 의자를 통해 가에타노 페세는 세계적인 디자이너로 발돋움했죠. 압축되어 포장을 뜯으면 부풀어오르는 독특한 과정은 1960년대 팝 문화의 정수를 보여줍니다. 가에타노 페세는 에토레 소트사스처럼 가구를 상징적인 오브제로 다루었어요. 모더니즘의 합리주의와 절제에 대항한 디자이너, 표현의 자유를 추구하면서 이탈리아의 젊은 디자이너들을 이끈 인물로 그를 기억해야 합니다.

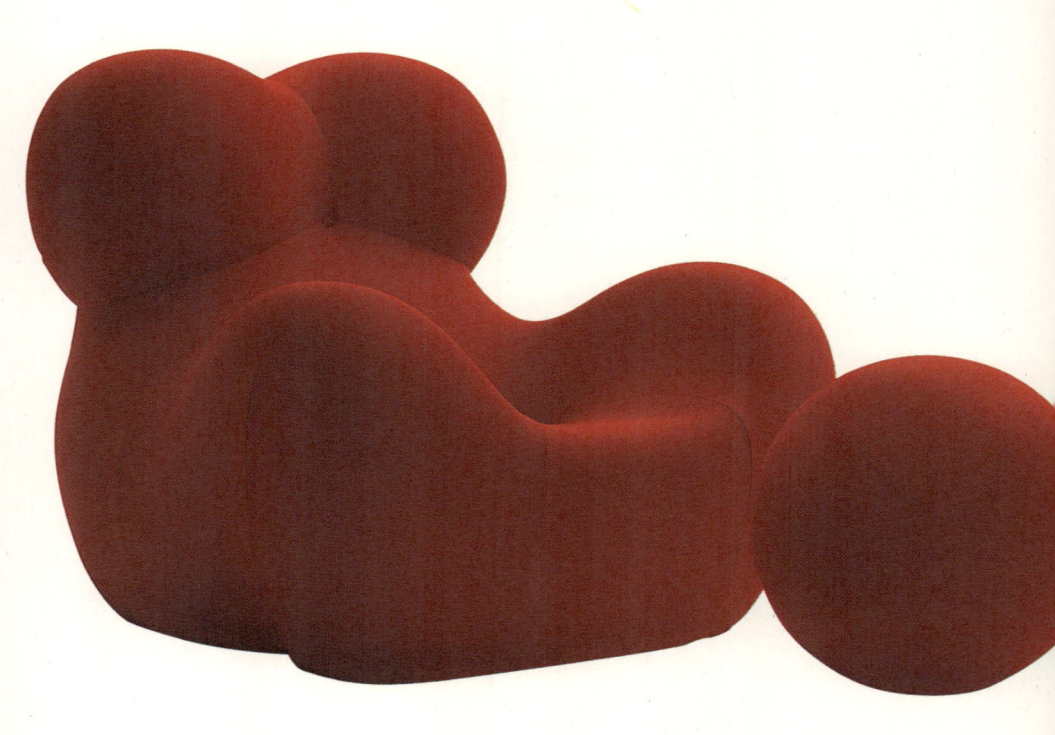

의자 이름 돈나 업 5 & 6 / **생산 연도** 1969 / **제조사** B&B 이탈리아(이탈리아)
풍선 같은 부드러운 곡선이 여성의 아름다운 신체를 떠올리게 하는 이 의자는 폴리우레탄으로 만들었다.
1967년 밀라노 가구 박람회에 출품한 첫 의자인데, 이 작품을 통해 그는 세계적인 디자이너가 되었다.

이탈리아 밖의 포스트모더니즘 의자

에토레 소트사스와 알레산드로 멘디니로 대표되는 이탈리아의 포스트모던 열풍은 일본과 영국, 독일, 스페인의 디자이너들에게도 많은 영향을 미쳤습니다. 일본의 도시유키 기타俊之喜多,Toshiyuki Kita가 디자인하고 이탈리아의 카시나에서 생산한 윙크Wink는 1980년대 다기능 가구의 경향을 대변하는 의자 중 하나죠. 윙크는 다목적 가구의 새 시대를 여는 첫 번째 작품이었어요. 편안하게 앉는 자세를 고려해 디자인했고 유지·관리도 세심하게 신경쓴 의자예요. 천 커버가 더러워지면 벗겨서 세탁할 수 있도록 여분의 커버를 제공하고, 낡아지면 새로운 커버를 주문할 수 있도록 했죠. 머리 부분이 미키마우스 귀와 비슷해 아이들에게도 많은 사랑을 받았습니다.

1970년대 석유파동으로 에너지와 환경 문제가 떠오르면서 리사이클링Recycling에 대한 논의가 활발해졌죠. 이와 함께 레디메이드를 하나의 오브제로 활용하는 경우가 늘어났어요. 대표적인 예로 실험적 디자이너 프랑크 슈라이너Frank Schreiner가 1983년에 발표한 '컨슈머스 레스트Consumer's Rest'가 있습니다. 기존의 쇼핑 카트를 의자로 변형한 작품이죠. 그는 "나는 일상에서 흔히 볼 수 있는 장바구니 트레일러를 디자인 소재로 사용해 가구의 조건을 충족시키려 했다. 디자인은 쇼핑 카트의 재활용이라기보다는 재탄생에 가까운 것이다"라고 설명했습니다. 스페인의 올림픽 마스코트 '코비Cobi'를 디자인한 그래픽 디자이너 하비에르 마리스칼Javier Mariscal은 에토레 소트사스가 전시회에 참여해달라고 요청할 정도로 포스트모던적인 디자이너입니다. 그가 발표한 바 스툴 듀플렉스Duplex 는 삐뚤삐뚤한 다리를 각기 다른 모양, 다른 색으로 디자인 한 것이 특징인데요, 그래픽만큼이나 장난기로 가득합니다. 그는 팝아트 이후 엄격함보다 자유로운 표현을 중시하는 시대의 흐름을 잘 읽었고 무엇보다 즐거움을 표현한다는 자의식이 강한 디자이너죠. 지금도 그는 여전히 젊고 유쾌한 모습으로 다양한 영역을 넘나들며 왕성한 활동을 보여주고 있답니다.

의자 이름 컨슈머스 레스트 / **디자이너** 프랑크 슈라이너 / **생산 연도** 1983 /
제조사 스틸레토 스튜디오(독일)

마트에서 흔히 볼 수 있는 장바구니 트레일러를 앉을 수 있는 의자 형태로 변형했다.
소비주의를 비평하기 위해 디자인한 것으로 100개 한정 수량만 제작했다.

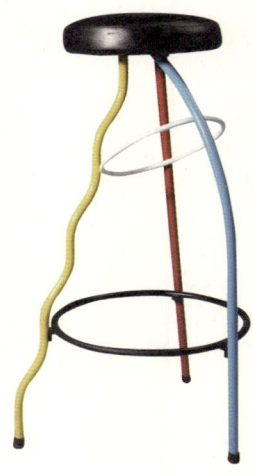

의자 이름 듀플렉스 / **디자이너** 하비에르 마리스칼 / **생산 연도** 1983 /
제조사 BD 에디션BD Edition(스페인)

스페인의 그래픽 디자이너 하비에르 마리스칼이 디자인한 바 스툴은 장난기로 가득한 그의 그래픽만큼 컬러풀하고 유쾌하다. 즐거움을 표현한다는 디자이너의 자의식 그대로를 반영한 디자인.

의자 이름 윙크 / **디자이너** 도시유키 기타 / **생산 연도** 1980 / **제조사** 카시나(이탈리아)
1980년대 다기능 가구의 경향을 대변하는 의자. 편안하게 앉는 자세를 고려해 디자인했으며 천 커버가 더러워지면 벗겨서 세탁할 수 있도록 여분의 커버를 제공했다.

슈퍼 디자이너 시대
1980~

1980년대 이전에는 '국가대표 디자이너'라는 게 존재했죠. 그런데 1980년대 중반부터 디자이너들이 국제적인 활동을 시작하면서 자신만의 개성을 뽐내기 시작했습니다. 특정 이념이 주도하는 시대가 막을 내리고 다양성의 시대가 펼쳐지기 시작한 거죠. 기능주의에 다시 몰입하는 가구, 1960년대에 유행한 유기적인 가구, 실험성이 강한 오브제와 같은 가구가 등장했어요. 한물갔다고 여기던 모더니즘은 더욱 정교하게 다듬어져 여전히 맹위를 떨쳤고요. 전 세계의 소비자는 이제 다양한 디자이너와 가구 브랜드, 다양한 스타일을 자기 마음대로 선택할 수 있게 되었죠. 대중 매체의 발달과 라이프스타일 잡지의 유행으로 디자이너는 대중적 인지도까지 얻었습니다. 건축, 인테리어, 가구, 조명, 식기 등 생활 전반은 물론 가전제품과 자동차, 패션에 이르기까지 폭넓은 분야에서 활동하는 '슈퍼 디자이너'의 시대가 개막했습니다.

프랭크 게리 '위글 체어'

포장 재료로 가구를 만들다니! 프랭크 게리Frank O. Gehry가 세계 건축계에서 화려한 명성을 얻기 시작한 것은 그의 나이 50살이 넘어서입니다. 건축가로 유명해지기 전 게리는 가구 디자이너로 먼저 이름을 널리 알렸죠. 마치 미스 반데어로에가 지나친 혁신성 때문에 건축 의뢰가 들어오지 않아 젊은 시절에는 건축보다 의자 디자인으로 돈을 번 것과 비슷하다고 할까요?

1970년대 초에 프랭크 게리는 건축 모형에 쓰는 카드보드 판지를 보고 의자를 만들 수 있겠다고 생각했죠. 그리고 이를 바로 실행에 옮겼습니다. 포장 재료로 쓰는 카드보드를 가늘게 자르고 그것을 수십장 이어 붙이면 강도가 굉장히 높아지는데, 이를 이용해 의자와 가구를 만든 거죠. 이 카드보드 가구는 '이지 에지Easy Edges' 시리즈라는 이름으로 큰 성공을 거두었고 프랭크 게리의 이름을 널리 알려주었어요. 하지만 이는 프랭크 게리에게 즐거운 것만은 아니었습니다. 왜냐하면 그는 가구 디자이너가 아니라 무엇보다 건축가로서 성공하고 싶었으니까요. 그는 결국 가구 만들기를 중단하고 1970년대 말부터 건축 일에 집중하며 1980년대 말에 완공한 비트라 디자인 뮤지엄으로 이름을 알리기 시작합니다. 이후 발표한 의자는 게리에게 더 이상 생계 수단이 아닌 명성을 확인해주는 작품이 되었답니다.

의자 이름 위글Wiggle / **생산 연도** 1972 / **제조사** 비트라(스위스)
여러 겹으로 붙인 골판지를 구부린 뒤 작은 톱과 칼로 조각해 우아한 곡선형을 만든
이지 에지 시리즈 중 하나. 골판지 낱장을 합판처럼 주름의 방향이 엇갈리게 여러 겹 붙여
판지의 강도 문제를 극복했다.

필립 스탁 '라 마리' '루이 고스트'

슈퍼 디자이너의 탄생 건축, 인테리어, 가구, 조명까지 섭렵하며 국제적으로 활약하는 '슈퍼 디자이너'라는 개념은 1990년대부터 등장했어요. 그 물꼬를 튼 인물이 바로 필립 스탁 Philippe Starck이죠. 그는 건축부터 가구, 조명, 식기, 전자 제품, 모터사이클, 자동차, 패션에 이르기까지 손대지 않는 분야가 없어요. 그 화려한 경력의 시작은 가구와 인테리어였고요. 1970년대에 그는 파리의 나이트클럽 인테리어로 재능을 꽃피우기 시작했는데요, 특히 1980년대 초 미테랑 대통령의 엘리제 궁 가구와 인테리어, 그리고 카페 코스테스 가구와 인테리어로 그 명성이 확고해졌죠. 1990년대 고급 레스토랑과 호텔이 급증하면서 스탁은 뉴욕, 런던, 파리, 도쿄, 홍콩 등의 호텔과 레스토랑 디자인으로 '스타 디자이너'의 반열에 올랐어요. 때마침 럭셔리 상품이 붐을 이루었고, 수많은 라이프스타일 잡지들이 고급스럽고 감각적이며 차별화된 상품을 앞다투어 소개했는데 이런 잡지를 장식하기에 스탁의 디자인만 한 것이 없었답니다.

그의 가구는 어떤 스타일이나 운동에도 속하지 않고, 파격일 정도로 독창적이며, 유머와 재치가 담겨 있고, 때로는 에로틱한 코드가 숨겨져 있죠. 언제나 호기심을 불러일으키는 제목과 기능적이면서도 매력적인 스타일을 선보이고요. 스탁의 의자는 평범을 벗어나 자신의 일상을 특별한 것으로 바꾸려는 세기말 부자들의 욕망에 가장 적절하게 화답했죠.

의자 이름 코스테스Costes / **생산 연도** 1982 / **제조사** 드리아데Driade(이탈리아)
전통적인 젠틀맨스 클럽의 아르데코풍 의자를 현대적으로 디자인했다.

의자 이름 라 마리La Marie / **생산 연도** 1997 / **제조사** 카르텔(이탈리아)
플라스틱으로 만든 최초의 투명 의자다.
의자의 형태는 특별하지 않지만 투명하면서 가볍고, 1개의 제품을 생산하는 데
2분밖에 걸리지 않을 정도로 효율적이고 우수한 기술력을 가졌다.

의자 이름 에로스 체어Eros Chair / **생산 연도** 1998 / **제조사** 카르텔(이탈리아)
좌석과 기둥으로 이어지는 라인이 여성의 힐을 닮았다.
유머와 에로틱한 코드를 숨기는 그의 디자인 특징이 잘 반영된 의자.

의자 이름 루이 고스트 / **생산 연도** 2008 / **제조사** 카르텔(이탈리아)
루이 16세 시대의 신고전주의 의자를 플라스틱으로 재창조한 의자로 네오 클래식 트렌드를 이끌었다.

론 아라드 '웰 템퍼드 체어'

예술가가 더 좋아하는 의자 이스라엘 출신 론 아라드Ron Arad는 예루살렘 미술 아카데미Bezalel Academy of Arts and Design, Jerusalem에서 건축을 전공한 뒤 런던으로 건너가 AA스쿨에서 건축을 공부했습니다. 대학 졸업 후 영국의 가구 사업가를 만나 온오프On Off를 설립했고요. 그의 행로 자체가 국제적일 수밖에 없네요.

그는 대량 생산과는 거리가 먼 실험적인 가구를 발표했죠. 최초로 주목받은 것은 자동차 로버의 시트로 만든 로버Rover 의자예요. 마르셀 뒤샹의 레디메이드 개념을 디자인에 적용한 의자죠. 가죽이 벗겨진 낡은 시트와 투박한 강철 파이프를 결합한 로버 의자는 미래의 폐허 도시에 어울릴 법한 오브제 같습니다. 앉는 사람의 체형에 따라 모양이 바뀌는 '트랜스포머 소파Transformer Sofa', 대장장이처럼 철판을 두드리고 휘고 자르고 용접하는 방식으로 만든 '빅 이지 볼륨Big Easy Volume' 시리즈 등에서 그만의 디자인 언어를 살펴볼 수 있죠. 주로 철판을 사용해 거칠어 보이는 이미지는 영국 후기 산업 시대의 시대상인 도시 부패를 표현한 것이도 합니다. 이런 그의 의자에 먼저 반응을 보인 것은 대중이 아닌 예술계였죠. 1980년대 중반부터 그에게 전시회 요청이 쇄도했으니까요.

4장의 철판을 구부려 만든 '웰 템퍼드 체어Well Tempered Chair'는 비트라에서 대량 생산을 한 론 아라드의 대표 아트 퍼니처입니다. 보기와 달리 직접 앉아보면 꽤 편안한 반전 매력의 의자랍니다.

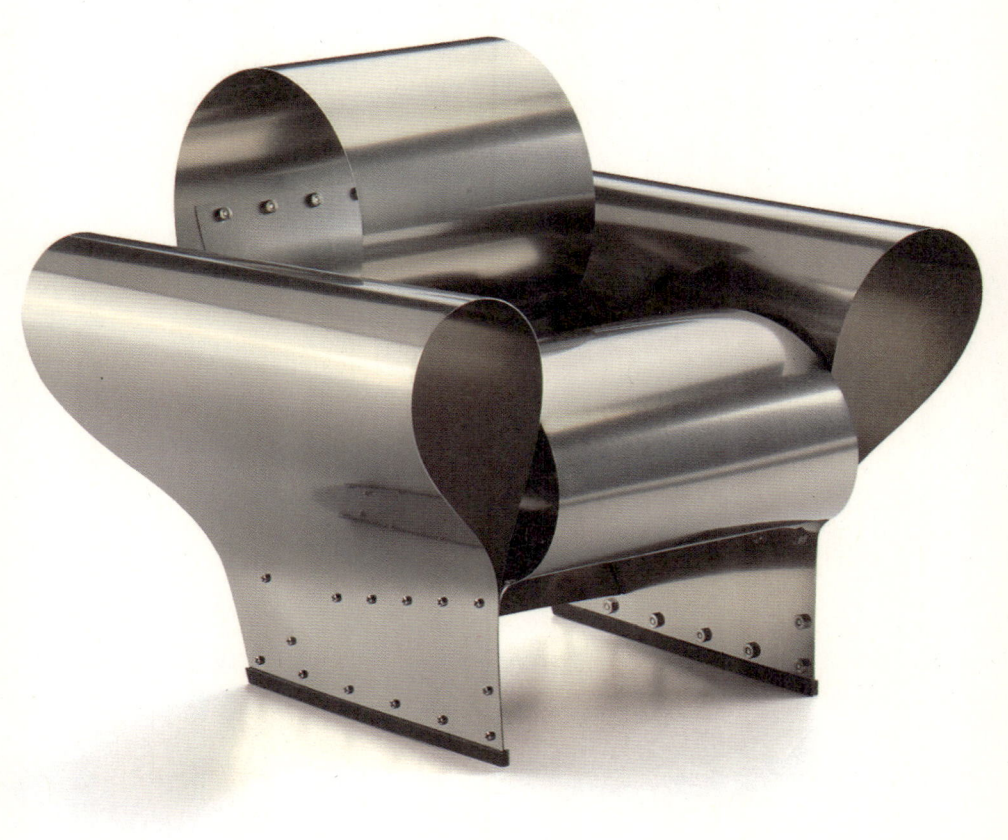

의자 이름 웰 템퍼드 체어 / **생산 연도** 1986 / **제조사** 비트라(스위스)
클래식한 암체어의 형태만 본떠서 볼륨감 있고 조형적인 의자를 만들었다.
2002년에는 이 의자의 리에디션인 '배드 템퍼드 체어Bad Tempered Chair'를 선보였는데 형태는 같지만
유리, 케블러, 카본 섬유를 사용한 점이 다르다.

재스퍼 모리슨 '에어 체어'

평범해서 더 비범한 의자 재스퍼 모리슨Jasper Morrison은 2006년 일본의 산업 디자이너 후카사와 나오토深澤直人, Fukasawa Naoto와 함께 〈슈퍼 노말Super Normal〉이라는 전시회를 연 적이 있어요. '대단히' '평범하다'라뇨! 일상에서 자기 역할을 톡톡히 하지만 지극히 평범해 눈에는 잘 띄지 않는 제품을 모은 전시였죠. 이 〈슈퍼 노말〉은 재스퍼 모리슨의 디자인 철학을 압축한 것이기도 해요. 모리슨은 군더더기 없이 순수하고 정직하며 최소한의 재료로 미니멀리즘을 추구하는 가구의 선두 주자죠.

그는 대학교 재학 시절부터 두각을 나타냈는데요. 모리슨의 졸업 작품에 홀딱 반한 이탈리아 가구 회사 카펠리니가 과감하게 학생의 졸업 작품을 대량 생산했으니까요. 그 후로도 모리슨과 지속적으로 파트너 관계를 유지하고 있죠.

모리슨은 1980년대 중반부터 카펠리니, 비트라, 마지스 등 세계적 가구 회사는 물론 삼성과 같은 전자 회사와도 일하는 스타 디자이너예요. 삼성과 손잡고 휴대폰, 냉장고 등을 선보이기도 했죠.

그가 마지스와 협업해 1999년에 생산한 에어 체어Air Chair는 최초의 속이 빈 플라스틱 사출성형 의자로 매우 가벼운 가구 중 하나로 꼽힙니다. 캐주얼한 분위기의 카페나 미팅 룸에서 자주 목격되는 의자이기도 하죠.

의자 이름 에어 체어 / **생산 연도** 1999 / **제조사** 마지스(이탈리아)
사출성형의 한 단계 진보를 보여준 속이 빈 플라스틱 의자다.
속이 비어 가볍고 재료도 덜 들어 원가가 낮아졌다.

의자 이름 씽킹 맨스 체어Thinking Man's Chair / **생산 연도** 1986 / **제조사** 카펠리니(이탈리아)
재스퍼 모리슨의 왕립미술학교 졸업 작품으로 그가 디자인한 의자 중
가장 장식적이며 독특한 형태를 띤다.

마크 뉴슨 '록히드 라운지'

조각품과 가구 사이 1986년 어느 날, UFO처럼 생긴 록히드 라운지Lockheed Lounge가 서구의 잡지들을 장식합니다. 23세에 불과한 마크 뉴슨Marc Newson은 이를 통해 전 세계에 존재감을 알리게 되죠. 이후 그는 성공 가도를 달립니다. 마크 뉴슨은 호주 시드니 예술대학Sydney Colledge of the Arts에서 주얼리와 조각을 전공했는데요, 땅은 크지만 인구가 적고 역사도 짧은 호주에는 전통적인 디자인 문화라는 것이 없습니다. 재능과 열정을 가진 마크 뉴슨은 이런 환경에서 자신만의 길을 만들어나간 디자이너죠.

록히드 라운지로 유명해진 그는 일본 리빙용품 제조사인 이데Idee와 손잡고 더욱 혁신적이고 조각적인 가구를 선보였습니다. 그러자 유럽에서도 그를 초청하기 시작했죠. 이탈리아의 카펠리니에서 그의 가구를 생산했고, 파리에서는 호주의 서핑 문화를 반영한 가구를 발표했습니다.

그는 정교한 개념이나 거창한 이념으로 디자인을 하지 않아요. 뭔가를 끼적거리다가 디자인이 나오는 식이죠. 에어리언을 닮은 생명체 같은 록히드 라운지도 그렇게 탄생했어요. 의자인 듯하면서도 조각품인 듯한 그 모습처럼 그는 기능이나 쓰임새, 영역에 대한 구분을 두지 않죠. 그렇기 때문에 전에 없던 디자인이 가능한가 봅니다.

의자 이름 록히드 라운지 / **생산 연도** 1986 / **제조사** 이데(일본)
마크 뉴슨이 23살 때 망치를 두들기며 손으로 직접 만든 라운지 체어로
그의 화려한 등장을 알린 출세작이다.
섬유 유리로 형태를 만든 후 표면에 수백 개의 알루미늄 조각을 못으로
일일이 박으며 완성했다. 마돈나의 뮤직 비디오에 출연하며 더 큰 명성을 얻었다.

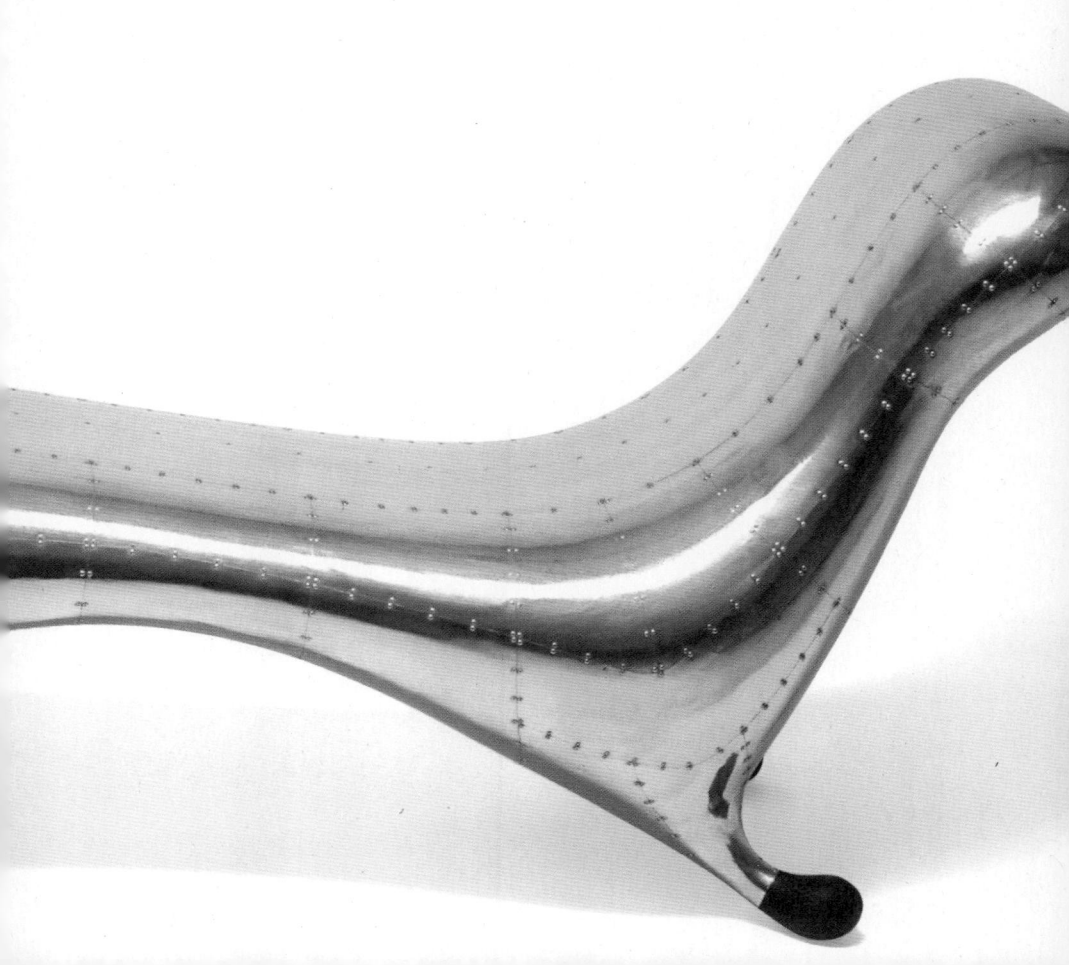

3장

의자를 만드는 회사들 176   대중매체에 등장한 의자 210

미처 몰랐던 이야기

의자를
만드는 회사들

우리는 이른바 디자인 역사에 한 획을 그은 의자를 보면 그걸 디자인한 디자이너의 이름만 떠올립니다. 그걸 생산한 회사는 그냥 천재 디자이너가 주는 눈부신 디자인을 고마운 마음으로 받아 제조만 하는 것으로 착각하기 쉽죠. 하지만 디자이너가 아무리 좋은 디자인을 해도 그걸 생산하지 않으면 종이 위 스케치일 뿐입니다. 생산되지 않은 디자인이란 소비자를 가장 잘 아는 제조업체로부터 '외면당한' 디자인이죠. 생산된 모든 의자는 제조업체의 승인을 받았다는 것이고요. 결국 디자인은 자의식 강한 천재의 디자인을 제조업체가 은혜롭게 받아 생산하는 것이 아니라, 제조업체와 디자이너의 긴밀한 협력 속에서 태어나는 겁니다. 오히려 디자이너가 자기 이름으로 의자를 생산하고 싶다면 제조 회사의 디자인 철학과 기술을 먼저 알아야 하죠. 제조 회사는 디자이너 이상으로 디자인의 주도권을 쥐고 있다는 것, 우리가 '의자를 만드는 회사들'에 대해 이야기하는 이유입니다.

기계생산을 거부한다! 수공예를 부활하자!
모리스 상회

'의자를 만드는 회사들'에 대해 이야기하려면 가장 먼저 모리스 상회를 언급해야 해요. 모리스 상회라는 이름에서 윌리엄 모리스를 떠올렸다면 훌륭한 접근입니다. 19세기에 귀족의 공예품을 흉내 낸 조잡한 산업 생산품을 보고 윌리엄 모리스*는 절망했어요. 공장에서 대량 생산한 제품은 미학적으로 뒤떨어질 뿐만 아니라 인간으로부터 노동의 즐거움을 앗아갔다는 점에서 '나쁘니까요'. 이러한 의미에서 윌리엄 모리스는 수공예를 부활시키고 모방이 아닌 정직한 제품을 만들 것을 주장했죠.

1861년에는 동료들과 함께 모리스, 마셜, 포크너 & 코Morris, Marshall, Faulkner & Co, 나중에 모리스 상회로 변경도 설립했어요. 벽지, 타일, 직물, 스테인드글라스 등 가정에 필요한 제품을 수작업으로 생산했죠. 시골풍의 소박하고 절제된 형태의 가구도 만들었답니다. 직접 가구를 디자인하진 않았지만 윌리엄 모리스의 디자인 철학은 모리스 상회의 가구에 고스란히 반영되어 있죠. 영국 남쪽 지방의 의자를 옮겨온 서섹스 체어Sussex Chair가 대표적인 예랍니다. 모리스의 동료인 단테 가브리엘 로제티Dante Gabriel Rossetti가 디자인한 로제티 체어도 간결한 형태와 정직한 재료 사용 등에서 모리스 상회가 추구하는 이념과 일치합니다. 모리스 상회는 꽤 성공을 거두어 모리스의 예술공예운동**이 전 세계에 퍼지게 되죠. 이 운동은 모던 디자인에 정신적으로 깊은 영향을 미칩니다.

* **윌리엄 모리스1834~1896**
영국의 공예가이자 시인, 사회사상가. 그의 문제 의식의 출발은 당시 산업자본주의적 현실에서 생산품의 질적 저하와 인간 노동의 소외였다. 그래서 그는 중세 사회를 이상으로 간주하고 기계 생산을 부정했으며 사회주의 이념을 표방했다. 스승 존 러스킨의 사상을 이어받아 '예술의 민주화'와 '예술의 생활화'를 열렬히 주장했는데, 이것이 바로 근대 디자인의 이념적 기초가 된다. 전반적으로 낭만적이고 유미주의적인 의식의 소유자였던 모리스는 근대 디자인의 선구자로서 위대한 업적을 남겼지만 대체로 그의 사상과 실천은 복고주의, 엘리트적 실천, 시대착오적인 기계의 부정이라는 한계와 모순을 드러냈다.

** **예술공예운동**
19세기 후반 영국에서 윌리엄 모리스를 중심으로 추진된 공예 운동. 모리스 이외에도 아서 맥머도, 윌리엄 레서비, 찰스 애쉬비와 같은 공예가들이 합세했다. 이들은 모두 중세의 공방을 이상적인 작업 방식으로 간주하고 중세의 소박한 양식을 추구했다. 이 운동의 추진력은 특정한 조형적 목적보다 도덕성에 기초했고, 이후 아르누보는 물론 근대 디자인 운동에 지속적인 영향을 미쳤다.

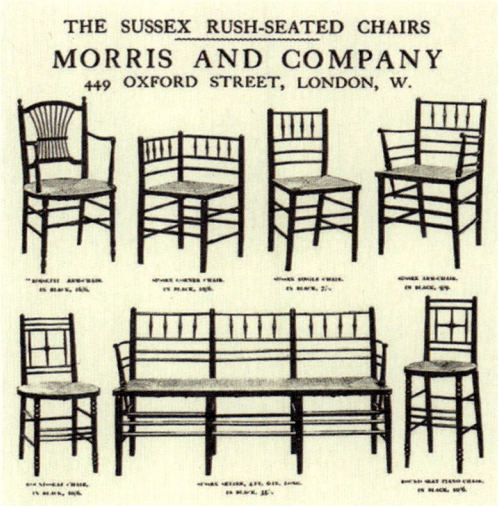

소박하고 절제된 모리스의 디자인 철학이 반영된 서섹스 체어 홍보물.

아르누보를 전파한 화랑, 아르누보의 집

19세기 말, 20세기 초 유럽을 강타한 아르누보를 곳곳에 전파한 회사는 독일 화상인 지그프리트 빙Siegfried Bing이에요. 그는 1895년 파리에 '아르누보의 집Maison de l'Art Nouveau'이라는 화랑을 열었죠. 아르누보의 집은 가구 제작 회사라기보다 유통 회사지만 아르누보의 발전에 결정적 공헌을 했습니다. 먼저 아르누보라는 양식의 이름이 이 회사에서 유래했죠. 지그프리트 빙은 "더 이상 과거의 화신이 아닌" 새로운 미술과 디자인만을 팔겠다는 뜻에서 아르누보란 이름을 택했다고 합니다.

1900년 그는 파리 만국박람회에 '아르누보 방'이라는 전시관을 열었죠. 그가 발굴한 외젠 가이야르Eugène Gaillard, 조르주 드 푀르Georges de Feure, 에두아르 콜론나Edouard Colonna가 디자인한 가구들을 전시한 공간이죠. 이들의 가구는 기존의 역사주의 양식과는 다른 것, 새로운 시대를 예고하는 것이었습니다. 전시 후에도 지그프리트 빙은 아르누보의 집을 통해 프랑스에 아르누보 스타일을 유행시키는 데 중요한 역할을 했습니다.

1900년 파리 만국박람회의 '아르누보 방' 전시관.
새로운 미술과 디자인만을 팔겠다는 뜻에서 '아르누보'란 이름을 표방했다.
사진 속 가구는 외젠 가이야르가 디자인한 테이블과 의자.

최초의 대량 생산 가구 회사
게브뤼더 토넷

근대 가구 디자인을 한마디로 설명하라면 '개인(장인)에서 제조업체로 주도권이 넘어갔다'입니다. 대규모 자본을 투입해 설비를 만든 제조업체는 투자 비용 때문이라도 디자이너의 창작 의욕에 제한을 가할 수밖에 없으니까요.

그런 근대적 의미의 최초의 가구 회사가 게브뤼더 토넷 Gebrüder Thonet입니다. 오스트리아인 미하엘 토넷은 증기의 열로 나무를 휘는 기술을 개발해 특허를 얻었죠. 1849년 그는 이 기술로 의자 만드는 회사인 게브뤼더 토넷을 빈에 설립했습니다. 토넷이 개발한 기술은 정확한 치수로, 일관되게 나무를 휘게 하는 기술이었죠. 게다가 아무런 기술이 없는 노동자도 쉽게 할 수 있고요. 다른 분야와 달리 의자는 19세기까지도 산업화가 이루어지지 않고 숙련된 장인이 나무를 깎아 만들었지만 이 기술이 개발되면서 더 이상 고급 인력이 필요하지 않게 됐죠. 이로써 게브뤼더 토넷은 자유롭게 나무를 가공할 수 있을 뿐만 아니라, 가볍고 견고하고 저렴한 의자를 대량 생산하는 최초의 회사가 되었죠. No. 1으로 시작되는 이 회사의 의자 모델 중 No. 14는 엄청난 성공을 거두었어요. 1930년대까지 5천만 개가 판매되었는데, 이는 대량 생산 기술 없이는 불가능한 일이죠. 이후 게브뤼더 토넷은 바우하우스의 마르셀 브로이어가 디자인한 강철관 의자도 생산했습니다. 베르너 판톤, 피에르 폴랭, 노먼 포스터 등 최고 건축가·디자이너들과도 협업했고요.

미하엘 토넷의 아들 아우구스 토넷이 1880년에 만든 흔들의자 No. 7500.

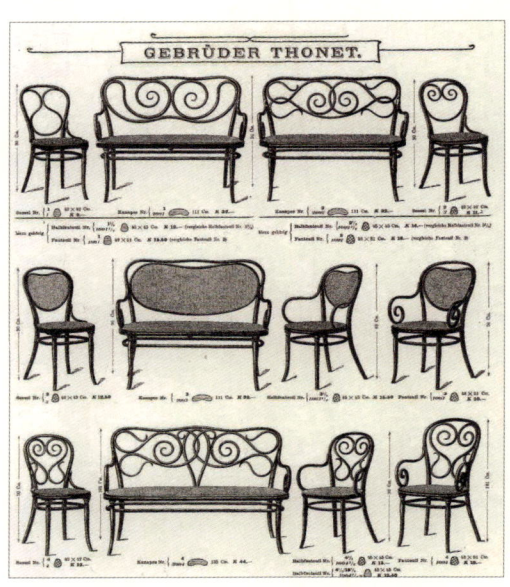

1904년에 제작된 게브뤼더 토넷의 제품 카탈로그.

진보적인 의자 디자인의 출발점
빈 공방, 야콥 & 요제프 콘

20세기 초 빈은 건축, 디자인 분야에서만큼은 유럽에서 가장 전위적인 도시였어요. 독일의 바우하우스에서 진보적 모더니즘이 나타나기 전 그 포석을 다진 곳이 빈일 정도로요. 요제프 호프만과 콜로만 모저는 윌리엄 모리스178쪽 모리스 상회의 설립자의 예술공예운동에서 영향받아 더 많은 대중에게 질 좋고 아름다운 제품을 판매하겠다는 뜻을 가지고 빈 공방Wiener Werkstette을 만들었죠. '대중의 일상에 필요한 모든 것을 만들겠다'라는 목표를 세웠지만 아름답고도 품질 좋은 '작품'을 추구한 생산품이 대중에게 소비될 리는 없었죠. 결국 돈 많은 부자와 엘리트의 전유물이 되었답니다.

빈 공방 안에는 금속, 가죽, 유리, 섬유, 목공 등 다양한 공방이 있었지만 가구를 만드는 목공 공방만은 활발하지 못했어요. 그래서 요제프 호프만과 콜로만 모저 등이 디자인한 의자는 야콥 & 요제프 콘Jacob & Josef Kohn이라는 별도의 가구 회사에서 제작했죠. 야콥 & 요제프 콘은 1849년에 요제프 콘과 그의 아버지 야콥 콘이 만든 가구 회사로 게브뤼더 토넷과 경쟁자가 될 정도로 뛰어난 가구를 생산했죠. 요제프 호프만이 디자인한 '앉는 기계' 의자, 아돌프 로스의 카페 뮤지엄 의자, 오토 바그너의 알루미늄 의자는 바우하우스의 강철관 의자가 등장하기 전까지 가장 진보적인 의자였어요. 이 회사는 1914년에 먼더스Mundes에 합병되었고, 먼더스는 1922년에 게브뤼더 토넷에 합병되었습니다.

'장식은 죄악'이라 주장한 아돌프 로스가 디자인한 카페 뮤지엄 의자.

1902년 오토 바그너가 오스트리아 우체국저축
은행 건물을 위해 디자인한 알루미늄 의자.

1905년 요제프 호프만이 디자인한 '앉는 기계'.

장인 정신으로 가구를 만드는
캐비닛 메이커들

예나 지금이나 차갑고 기계적인 서유럽 모더니즘과 달리 북유럽의 모더니즘은 온건하고 인간적이란 평가를 받습니다. 그것은 특유의 기후, 나무가 풍부한 자연 조건, 그리고 장인 정신에 대한 존중에서 비롯된 것이죠. 북유럽 모더니즘 가구를 이야기할 때 루드 라스무센Rud Rasmussen이란 이름을 꼭 기억하세요. 카레 클린트, 모겐스 코크 같은 덴마크 모던 가구 개척자의 가구를 모두 이곳에서 생산했으니까요. 20세기 초 덴마크 가구의 아이덴티티는 루드 라스무센이 정의했다고 보면 됩니다. 루드 라스무센은 도제로 시작해 장인이 된 캐비닛 메이커Cabinet Maker입니다 덴마크에서는 가구 장인을 캐비닛 메이커라고 부른다. 이 전설적 회사 루드 라스무센은 2011년 칼 한센 앤 손Carl Hansen & Son에 합병되었죠. 캐비닛 메이커 칼 한센이 1908년에 세운 이 회사는 2차 세계대전 이후 대니시 모더니즘을 이끌었습니다. 한스 웨그너, 올레 밴셔 등 섬세하게 정제된 디자인으로 유명한 디자이너의 의자를 생산해 미국에 대니시 모던 붐을 일으킨 장본인이죠.

이렇게 장인 정신에 기반한 회사가 디자이너의 아이디어를 실현하는 것이 덴마크 가구 산업의 특징입니다. 건축가와 디자이너들 역시 무리하게 새로운 재료, 공정을 필요로 하는 디자인보다 논리에 바탕을 둔 기능적인 개선을 추구했고요.

1914년 카레 클린트가 디자인하고 루드 라스무센이 제작한 파보 체어.

1949년 올레 밴셔가 디자인하고
칼 한센 앤 손이 제작한 콜로니얼 체어.

1953년 한스 웨그너가 디자인하고
캐비닛 메이커 요하네스 한센이 제작한 의자 발레.

장인 정신보다 생산성!
프리츠 한센

프리츠 한센Fritz Hansen은 캐비닛 메이커 중심의 회사와 달리 매우 산업적인 방식으로 세계적인 성공을 거둔 덴마크의 가구 회사입니다. 기업가 정신이 강한 캐비닛 메이커 프리츠 한센이 1872년에 설립한 같은 이름의 이 회사는 1934년부터 디자이너 아르네 야콥센과 협업을 시작했죠. 그리고 1952년에 앤트 체어를, 1955년에 시리즈 세븐을 발표했어요. 이 두 의자의 경이로운 성공으로 프리츠 한센은 부와 세계적 명성을 거머쥐었습니다. 프리츠 한센은 1930년대 곡목 기술을 꾸준히 발전시켰고, 원목보다 싸고 변형이 자유로운 합판에 주목했죠. 2차 세계대전 뒤 찰스와 레이 임스 부부가 개발한 3차원 성형 합판 기술을 도입하는가 하면, 북유럽 디자이너들이 회피한 재료인 크롬 도금한 강철관을 합판에 결합하기도 했고요. 무겁고 만들기 힘든 기존의 캐비닛 메이커 의자와 전혀 다른 방향으로 나아갔고, 그 결과 성공했죠. 덴마크 가구의 새로운 방향을 제시한 프리츠 한센은 북유럽 디자인 트렌드와 맞물려 요즘 전세계적으로 가장 '핫한' 의자의 대명사이기도 합니다.

아르네 야콥센이 디자인하고 프리츠 한센이 제작한 시리즈 세븐.
이 두 의자의 성공으로 프리츠 한센은 세계적 명성을 얻게 되었다.

미국 가정과 기업의 풍경을 바꾼
허먼 밀러

2차 세계대전 뒤 미국 가구가 전 세계 디자인 흐름을 주도하게 됩니다. 결정적인 역할을 한 회사는 허먼 밀러Herman Miller와 놀 인터내셔널이죠. 그렇지만 이 회사들 역시 유럽 모더니즘의 세례를 받고 비로소 모더니즘에 눈뜰 수 있었습니다. 허먼 밀러는 1923년에 드 프리Dirk Jan De Pree가 회사를 인수하기 전까지 스타퍼니처라는 회사였습니다. 회사 인수에 장인의 도움을 받아서인지, 회사 이름을 장인의 이름인 허먼 밀러로 바꾸었죠. 그러다 1945년, 유럽 유학파 건축가 조지 넬슨을 디자인 디렉터로 임명했는데 넬슨은 미스 반데어로에, 르 코르뷔지에의 사상을 열심히 전파했어요. 결국 허먼 밀러도 유럽 모더니즘의 영향 아래 있었던 셈이죠.

그 후 허먼 밀러는 찰스와 레이 임스 부부의 의자들로 세계적인 가구 회사로 도약합니다. 허먼 밀러의 가구는 미국 기업과 가정의 풍경을 바꾸었죠. 넬슨이 디자인한 사무 가구는 IBM, 포드, GM, 듀퐁, 코카콜라 같은 기업의 사무 환경을 바꾸었고, 더구나 효율성을 강조하는 미국 기업을 다른 나라가 앞다투어 모방함으로써 허먼 밀러식 가구가 전후 기업의 표준으로 자리 잡게 되었습니다.

1968년에는 로버트 프롭스트가 오늘날 사무 환경의 기본이 된 모듈 시스템 '액션 오피스'를 발표하고, 돈 채드윅이 인체공학에 바탕을 둔 과학적인 사무 의자를 발표함으로써 그 명성을 더욱 확고하게 다졌습니다.

허먼 밀러의 액션 오피스에 의해 변화한 1970년대 미국의 사무 환경.
허먼 밀러의 모듈 시스템 사무 가구와 함께 이런 풍경이 전 세계로 전파되었다.

액션 오피스 2로 개선된 사무 환경.

미국 모던 가구의 개척자
놀 인터내셔널

허먼 밀러와 함께 미국 모더니즘을 이끈 놀 인터내셔널Knoll International 역시 순수한 미국 가구 회사라고 할 수 없죠. 놀은 독일 가구 제작자의 아들인 한스 놀이 1937년에 미국으로 이주해 뉴욕에 세운 회사니까요. 놀의 성공에는 한스 놀의 두 번째 아내인 플로렌스 슈스트의 공헌을 언급하지 않을 수 없습니다. 플로렌스 슈스트는 에로 사리넨, 임스 부부와 함께 미국 모던 가구의 개척자입니다.

한스 놀은 마케팅 감각이 뛰어났습니다. 가구에 디자이너의 이름을 표시해 그 가치를 높이는 마케팅 방식은 놀이 창안한 것이죠. 놀은 또한 유럽 모더니즘의 아이콘과도 같은 마르셀 브로이어와 미스 반데어로에의 의자를 생산했습니다. 당시 미스 반데어로에는 미국으로 이주해 이 꿈의 나라에 자신의 궁극적 건축 이상을 실현하고 있었어요. 따라서 이들의 가구는 유럽에서 태동한 건축에 딱 적합한 소품으로 각광받았죠. 그리고 당대 유기적 모더니즘을 대표하는 에로 사리넨, 이사무 노구치, 해리 베르토이아의 의자를 기획해 생산했습니다.

한스 놀이 교통사고로 사망한 뒤 부인 플로렌스가 회사를 이끌었습니다. 그러다 지나치게 개성을 중시한 가구 생산이 놀의 경영난을 불러일으켰고, 1968년에 다른 회사에 인수되었죠. 브랜드는 여전히 유지되고 있지만요.

1956년 에로 사리넨이 디자인한 튤립 체어의 홍보물.
스위스 출신의 모던 그래픽 디자이너 헤르베르트 마터가 편집 디자인 작업을 했다.

1950년대 놀 인터내셔널 전시장.

초호화 디자이너 명단을 가진
비트라

집 안에 놓이는 가구와 의자는 매일 입는 옷이나 매일 타는 자동차에 비해 집중적인 관심의 대상이 아니에요. 그만큼 가구 브랜드는 일반인에게 생소한 편이죠. 그나마 대중에게 많이 알려진 가구 브랜드라면 비트라Vitra를 들 수 있죠. 비트라는 최고의 품질을 만들기 위해 최고의 디자이너를 찾아내고 그들의 이상을 실현할 수 있는 재능을 갖고 있습니다. 이른바 명품 가구를 만드는 회사의 대표 주자라고 할 수 있어요.

비트라는 빌리 펠바움이 1934년 스위스 작은 도시에 낸 상점이었습니다. 그러다 미국을 방문한 펠바움이 찰스와 레이 임스의 가구를 보고 매료돼 그들의 가구를 생산하는 허먼 밀러로부터 유럽 판권을 얻으면서 가구 회사로 출발하게 되었죠. 허먼 밀러는 비트라가 유럽 지역의 생산과 판매를 전담할 수 있게 면허를 주었고, 비트라는 유통 뿐 아니라 당대 최고의 가구 제작 기술도 수입할 수 있었어요.

비트라는 임스 부부, 조지 넬슨, 이사무 노구치 같은 미국 모더니즘 대가는 물론 덴마크의 베르너 판톤, 이탈리아의 안토니오 치테리오, 프랑스의 필립 스탁, 21세기에 들어서는 영국의 재스퍼 모리슨과 론 아라드, 프랑스의 부훌렉 형제, 독일의 콘스탄틴 그리치치에 이르기까지 초호화 디자이너를 파트너로 두고 있어요. 그 면면을 살펴보면 매우 실험적인 디자이너부터 합리적이고 공학적인 디자이너까지 다양한 스펙트럼을 자랑하죠. 한마디로 막강하다고 할 수 있습니다.

2008년 로낭 & 에르완 부홀렉이 디자인하고 비트라가 제작한 베지탈 체어.

비트라가 생산하는 가구를 보여주는 홍보 이미지. 20세기 주요 디자인 아이콘들이 망라돼 있다.

전후 이탈리아의 가구 부흥을 이끈
카시나

이탈리아는 미국, 덴마크와 함께 전후 가구와 의자 트렌드를 이끈 나라입니다. 2차 세계대전이 끝난 뒤 가난한 국가 중 하나였던 이탈리아를 일으킨 것은 가구, 자동차, 패션과 같은 디자인 산업이에요. 이탈리아의 크고 작은 공방들, 그곳에 속한 수많은 장인들이 있었기 때문이죠. 그 중에서도 1927년, 체사레 카시나와 움베르토 카시나 형제가 설립한 카시나 Cassina는 이탈리아 가구 부흥의 중심에 있었습니다.

카시나는 전후 이탈리아 디자인을 이끈 지오 폰티, 합리주의 디자인을 대표하는 프랑코 알비니가 참여하면서 혁명적인 전환점을 마련했습니다. 이들의 참여로 카시나는 기존의 특정 고객을 위한 주문생산 방식에서 대중을 위한 대량 생산 방식으로 전환했죠. 동시에 혁신적인 모던 가구로 스타일을 변경했고요. 아울러 유람선, 고급 호텔과 레스토랑의 주문도 받아 이탈리아 가구의 중심이 되었어요.

그 뒤 팝 디자인 시대를 이끈 비코 마지스트레티와 마리오 벨리니 같은 걸출한 디자이너가 파트너로 참여하고, 모던 클래식 의자들의 제조 권리를 사들이면서 국제적으로도 알려지게 됐죠. 1964년에 르 코르뷔지에와 피에르 자네레, 샤를로트 페리앙이 디자인한 LC 시리즈의 법적 권리를 얻은 뒤 '카시나 마스터 컬렉션'이라는 새로운 라인을 발표하기 시작했어요.

카시나의 이름으로 생산하고 있는 힐 하우스 체어(위)와 레드/블루 체어(아래)

1971년에는 허릿 릿벌트와 프랭크 로이드 라이트의 의자들, 1972년에는 찰스 레니 매킨토시, 1983년에는 스웨덴의 에릭 군나르 아스플룬드, 2004년에는 샤를로트 페리앙의 의자와 가구들을 제조할 수 있는 권리를 차례로 따냈습니다. 다시 말해 힐 하우스 체어, 레드/블루 체어, 셰즈 롱그 등 고전 중에서도 최고의 고전들을 카시나의 이름으로 생산하고 있죠. 카시나는 20세기 모던 의자 아이콘의 전시장인 셈입니다.

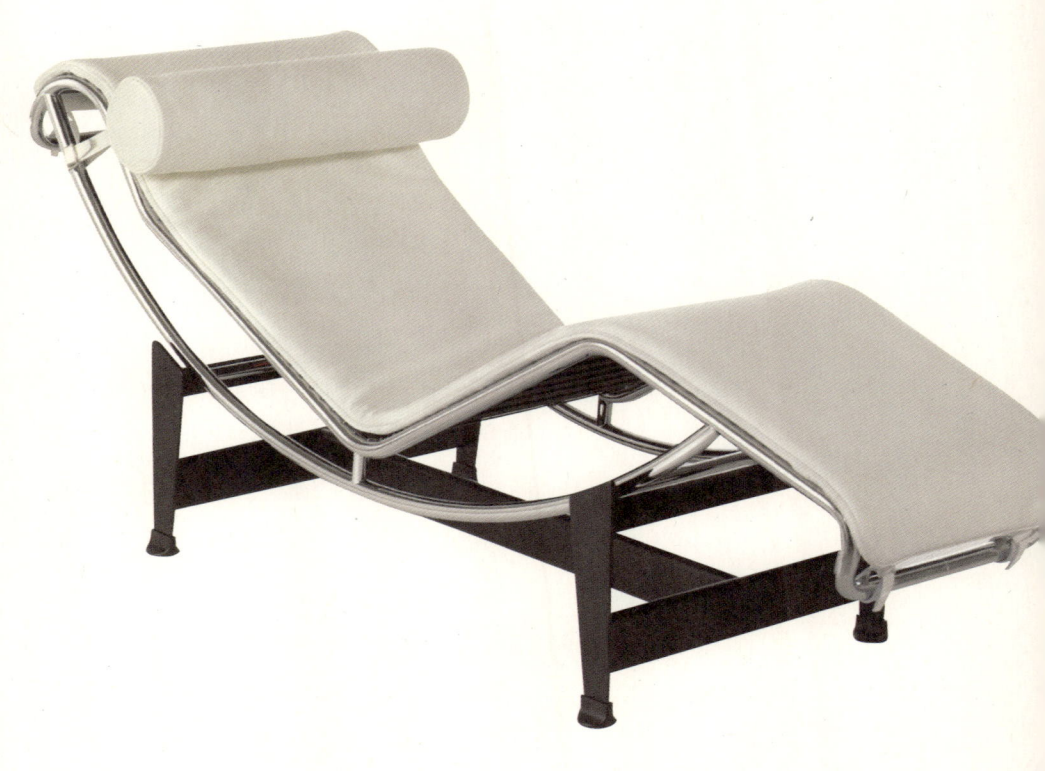

카시나는 르 코르뷔지에와 피에르 자네레, 샤를로트 페리앙이 디자인한 LC 시리즈의 법적 권리를 얻어
'카시나 마스터 컬렉션'이라는 라인으로 선보이고 있다. LC 시리즈 중 LC4.

급진적 디자인을 이끈
자노타

북유럽 가구가 전통적이면서 보편적인 감성에 호소하고, 미국 가구가 기술 혁신을 바탕으로 새로우면서도 합리적인 특징을 갖는다면, 이탈리아는 기술 혁신 없이도 매우 색다르고 실험적인 가구를 가장 많이 내놓았습니다. 그리고 그걸 실현시켜 준 회사가 바로 자노타Zanotta입니다.

자노타를 설립한 아우렐리오 자노타는 급진적인 아이디어를 받아들이면서도 그것을 구현할 기술과 이익으로 연결시키는 뛰어난 사업 감각을 가지고 있었습니다. 이 회사는 자루 속에 합성수지를 채워 넣어 만든 사코와 풍선처럼 바람을 불어넣으면 입체적이 되는 투명 PVC 소재의 블로우 체어를 만들었습니다. 일회적이고 유희적이며 순간의 즐거움에 몰두하는 팝 문화를 대표하는 의자들이죠. 또한 아킬레 카스틸리오니가 레디메이드 개념을 가구로 가져온 메차드로, 조 콜롬보의 독특한 비릴로, 알레산드로 멘디니의 포스트모던한 자브로 등을 생산했습니다.

자노타와 함께 1960~1970년대 급진적이며 포스트모던한 디자인을 이끌었던 구프람Gufram, 폴트로노바Poltronova 같은 회사들이 지금은 사라진 것과 달리 자노타는 여전히 이탈리아 가구산업을 이끌고 있습니다. 자노타는 혁신적인 문화 창조와 상업적 이익이라는 모순적 목표를 모두 이룬 몇 안 되는 회사랍니다.

1983년부터 자노타에서 생산되고 있는 아킬레 카스틸리오니의 메차드로.

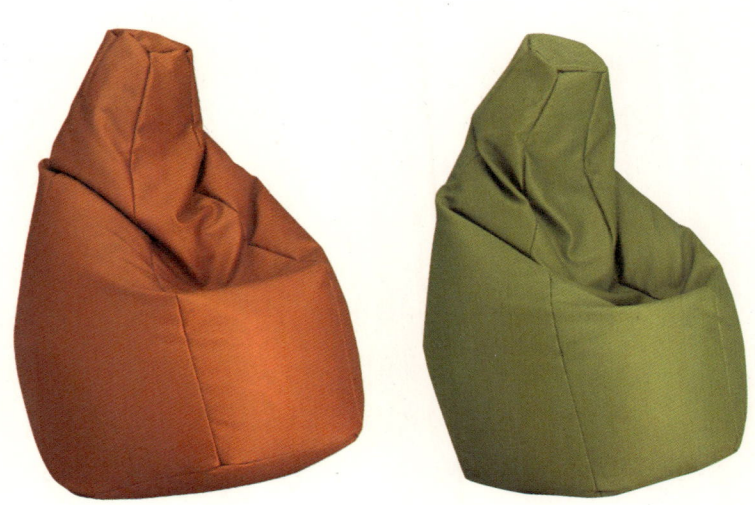

1968년 피에로 가티가 디자인하고 자노타가 생산한 의자 사코.
1960년대의 자유분방함과 반항적인 문화 현상을 반영하는 대표적 디자인이다.

플라스틱 혁명의 기수
카르텔

전후 세계 디자인에서 가장 혁신적 변화는 플라스틱이라는 재료의 급성장이라고 할 수 있어요. 전쟁을 통해 수많은 종류의 플라스틱 기술이 개발되었고, 전쟁이 끝난 뒤 이 기술은 가정 속으로 파고들었죠. 화학자 줄리오 카스텔리 역시 이 새로운 기술로 자동차 액세서리 제조 회사를 설립했습니다. 아내이자 건축가인 안나 카스텔리 페리에리는 디자인을 담당했고요. 주로 자동차 액세서리, 용기와 빗자루 같은 각종 용품들을 플라스틱으로 만들었습니다. 그리고 1960년대에는 대담하게 가구 분야로 진출했죠. 카르텔Kartell의 본격적인 시작입니다.

크기도 작고 모양도 단순한 가정용품과 달리 가구와 의자는 하중도 견뎌야 하고 구조도 복잡하기 때문에 이들의 가구 분야 진출은 위험요소가 대단히 많은 도전이었어요. 그러나 카르텔은 마르코 자누소와 리하르트 자퍼가 디자인한 어린이용 적층 의자, 조 콜롬보의 유니베르살레를 만들었죠. 다시 말하자면 가구, 그것도 가장 복잡한 의자를 사출성형으로 생산할 수 있게 된 거예요.

또한, 싸구려 재료로 여겨지던 플라스틱이 미학적으로 우수한 디자인으로 탄생하면서 그런 선입견을 바꾸었어요. 1990년대 들어서 카르텔은 필립 스탁, 론 아라드, 재스퍼 모리슨, 로낭 & 에르완 브홀렉 형제 등 슈퍼 디자이너들과 협업하면서 최고의 플라스틱 가구 회사라는 명성을 유지하고 있습니다.

가정용품을 주로 생산하던 카르텔이 1964년 최초로 선보인
폴리에틸렌 소재의 어린이용 적층 의자.

필립 스탁이 디자인하고 카르텔이 생산한 플라스틱 의자 '루이 고스트'.

모던 가구 왕국 이탈리아의
대표 브랜드

이탈리아의 가구 브랜드는 유명한 것들만 추려도 다 소개할 수 없을 정도로 그 수가 굉장히 많아요. 1966년에 피에로 암브로지오 부스넬리Piero Ambrogio Busnelli가 설립한 B&B 이탈리아처음에는 C&B 라는 이름으로 출범했다가 1973년에 B&B로 변경는 "가구는 이탈리아"라는 자부심으로 브랜드 이름에 이탈리아를 넣었죠. 부스넬리는 균일한 품질의 가구를 대량으로 생산하기 위해 전통적인 장인 기술과 결별하고 당대 기술을 최대한 활용했죠. 1969년에 생산된 가에타노 페세의 Up 시리즈 의자로 명성을 얻었고, 21세기에 들어와서는 자하 하디드 같은 여성 디자이너들과도 협업해 큰 성공을 거두었습니다.

21세기 플라스틱 가구의 양대 산맥으로 카르텔과 함께 마지스Magis를 꼽을 수 있습니다. 마지스는 후발주자였지만 오리지널 디자인과 기술 개발에 박차를 가한 끝에 카르텔보다 먼저 가스를 주입한 사출성형 플라스틱 의자를 세계 최초로 생산했죠. 재스퍼 모리슨이 디자인한 에어 체어가 바로 그것입니다. 마지스의 대표 제품인 에어 체어나 스테파노 조반노니의 봄보 스툴, 콘스탄틴 그리치치의 체어 원은 모두 단순한데, 사실 단순한 형태를 기술적으로 구현하기란 대단히 힘든 일이죠. 그 부문에서 마지스는 타의 추종을 불허할 정도로 기술 집약적인 브랜드입니다.

수많은 이탈리아 브랜드들은 전세계의 디자이너들과 협업하며 성장해왔습니다. 카펠리니Cappellini의 2세 경영인 줄리오 카펠리니는 일본 디자이너 구라마타 시로를 발굴해 일본 디자이너로는 처음으로 해외에서 디자인을 생산하는 사례를 남겼습니다. 그밖에 젊은 시절의 재스퍼 모리슨도 영국 왕립미술학교 졸업작품이 카펠리니에 의해 파격적으로 생산되는 행운 끝에 세계적인 디자이너로 거듭났죠. 톰 딕슨의 베스트셀러 의자인 S 체어도 카펠리니에 의해 발굴되었고요. 21세기를 전후해서는 에드라Edra가 브라질 태생의 페르난 & 홈베르토 캄파냐 형제의 아트 오브제에 가까운 의자들을 생산하면서 급속도로 위상이 높아졌습니다. 이탈리아의 가구회사들은 이처럼 세계의 감각적인 디자이너들과 협업함으로써 세계 어디에서도 볼 수 없는 독특한 개성을 만들고 있습니다.

재스퍼 모리슨이 마지스를 위해 디자인한 에어 체어는
사출성형 방식으로 생산한 최초의 속이 빈 플라스틱 의자다.

마지스는 콘스탄틴 그리치치가 디자인한 체어 원을 선보이며
플라스틱 사출성형 기술뿐만 아니라 알루미늄 다이캐스팅 기술에서도 선도적인 위치에 있음을 보여줬다.

지금은 스타 디자이너가 된 톰 딕슨을 발굴한 회사가 카펠리니입니다.
그가 신진 디자이너 시절 카펠리니와 함께 만든 S체어.

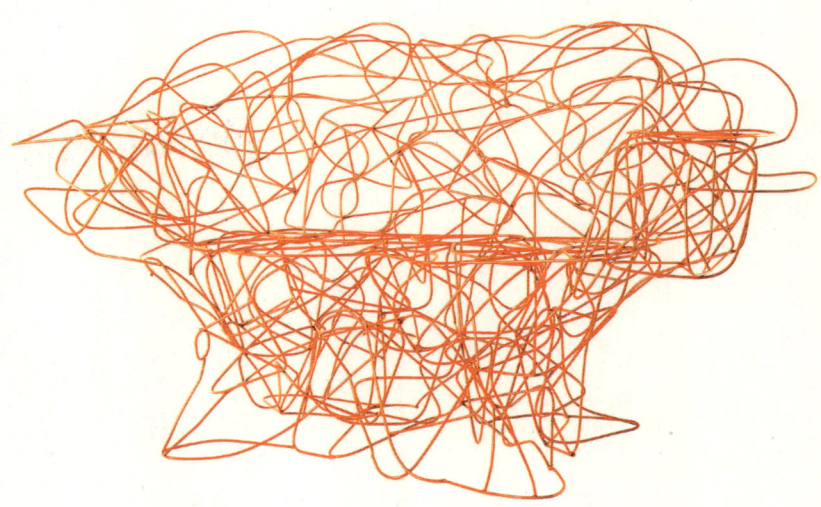

페르난 & 홈베르토 캄파냐 형제가 디자인하고 에드라가 생산한 코랄로 체어.
에드라는 아트 오브제에 가까운 캄파냐 형제의 의자를 선보이며 명성을 얻기 시작했다.

대중매체에 등장한 의자

서양에서 의자는 생활 필수품이기 때문에 대중매체 속에 당연히 등장할 수밖에 없겠죠. 과거에는 회화에서, 근대로 넘어오면서는 사진에서, 20세기에는 방송과 광고, 영화에서 의자를 쉽게 발견할 수 있어요. 앉는다는 행위는 의자라는 도구를 필요로 하기 때문에 앉아 있는 인물을 표현하기 위해서는 꼭 의자를 선택해야 하죠. 캘리포니아 대학교 건축학과 교수인 갤런 크렌츠Galen Cranz는 저서 ≪의자≫에서 이렇게 말했습니다. "화가들은 한 인물을 나타내기 위해 또는 그 인물이 삶의 어떤 면모를 지니는지 보여주기 위해 종종 의자를 소도구로 쓴다." 그래서 대중매체 속에 등장한 의자는 인물과 뗄 수 없는 관계가 되죠. 또 한 시대나 지역을 대변하기도 하고요. 회화와 사진, 영화에 나오는 의자만 살펴도 "아, 저 시대는 저런 의자로 대변되는구나"라고 짐작할 수 있습니다. 옷이나 글꼴이 시대를 반영하는 것처럼 말이죠.

재력을 상징하는 의자

17세기 네덜란드 화가 얀 스텐Jan Steen이 그린 '탄생의 축하 Celebrating the Birth'를 먼저 볼까요? 갓 태어난 아기를 안은 아버지가 있고, 왼편에는 아기 엄마인 듯한 여자가 침대에 누워 보살핌을 받고 있어요. 그리고 중앙에는 집 주인의 것으로 보이는 커다란 의자가 놓여 있습니다. '쿠룰레Curule'라는 이름의 이 의자는 로마 시대부터 권력을 상징해왔습니다. 곡선의 다리가 겹치며 X자 모양을 만드는 의자죠. 쿠룰레는 르네상스 시대에 다시 빛을 본 후 17세기에는 부유한 평민들에게도 보급되었어요. 그림 속의 이 쿠룰레는 집 주인이 비록 평민이지만 부유하고 당당한 주인임을, 그래서 이 권위적인 의자에 앉을 자격이 있음을 알려줍니다. 쿠룰레는 르네상스 회화에 단골 손님처럼 등장할 정도로 당시 사회상을 대변하죠.

1664년 얀 스텐의 '탄생의 축하'.
이 그림 속에는 로마 시대부터 권력을 상징해온 '쿠룰레'라는 이름의 의자가 있다.
중앙에 놓여 있는 커다란 의자로 곡선의 다리가 겹치며 X자 모양을 만드는 것이 특징이다.

그런가 하면 바우하우스의 강철관을 사용한 의자들은 사회적으로 높은 지위를 누리지만 인정머리라고는 찾아볼 수 없는 사람들을 표현하는 장면에 자주 등장합니다. 바로 의자가 갖고 있는 완벽한 기하학 형태와 번쩍거리는 표면의 금속성 때문이죠. 영화 〈나인 하프 위크〉의 여자 주인공이 남자 주인공의 아파트를 처음 방문하는 장면에서는 건축가 찰스 레니 매킨토시의 기하학적 의자, 마르셀 브로이어의 냉정한 바실리 체어를 볼 수 있습니다. 이 영화의 남자 주인공은 성공한 주식 중개인으로, 다른 사람이 서랍 속 물건을 조금만 건드려도 알아낼 정도로 철두철미한 인간이지만 오직 육체적으로밖에 사랑을 나누지 못하는 정서적 불구자이기도 하죠. 그의 공간 역시 온기라고는 느껴지지 않습니다.

〈나인 하프 위크〉에 등장하는 남자 주인공의 집.
저 멀리 바실리 체어가 보인다.

악당들의 의자

악당 두목의 소품으로 유명한 의자가 있습니다. 영화 <오스틴 파워 제로>의 닥터 이블이 앉은 의자죠. 그는 중국 인민복 같은 옷을 입고 검정색 가죽 의자에 앉아 커다란 반지를 낀 손으로 흰색 페르시아 고양이를 쓰다듬곤 하죠. 그가 앉은 가죽 의자는 바로 한스 웨그너가 디자인한 옥스 체어Ox Chair입니다. 이 의자의 특징은 소의 뿔 같은 형태가 등받이 위쪽에서 뻗어나온다는 점인데, 이는 꼭 악마의 뿔을 연상시키죠. 하지만 사실 이 의자는 한스 웨그너가 가장 좋아한 의자로 악마적 형상과는 거리가 멉답니다. 영화에서 그렇게 설정한 거죠. 그리고 이 모든 연출은 1967년 제작된 영화 <007 두 번 산다>에 등장하는 악당 '블로펠트'를 패러디한 것입니다. 블로펠트는 007 시리즈에 등장한 악당 중에서도 가장 악명이 높은데 인민복, 대머리, 페르시아 고양이, 반지, 그리고 검정색 가죽 의자로 유명했거든요. 블로펠트의 가죽 의자는 윙백 체어로, 등받이 윗부분이 안쪽으로 휘어 끝으로 갈수록 뾰족해지는, 마치 악마의 뿔 같은 형태입니다. 뛰어난 디자인이라고 할 수는 없지만 영화에 등장한 이후 이 의자는 유명세를 탔고, 아예 이름이 블로펠트가 되었습니다. 닥터 이블의 옥스 체어는 블로펠트 체어를 잇는 셈이죠.

1997년 작 <오스틴 파워 제로>의 옥스 체어(위).
1967년 작 <007 두 번 산다>에 등장하는 악당 블로펠트와 블로펠트 체어(아래).

그리고 보면 1천 만 관객을 동원한 영화 〈베테랑〉에서 철부지 재벌 3세가 앉은 에그 체어 또한 튀어나온 윗부분 때문에 비슷한 분위기를 풍깁니다. 그가 자신의 사무실에서 힘 없는 트럭 운전수의 폭행을 지시하는 장면이 있는데요. 여기에 아르네 야콥센의 에그 체어가 등장합니다. 에그 체어는 이미 여러 광고에서 고급스러움을 대변한 바 있지만 〈베테랑〉에서는 지독한 악당의 의자로 등장합니다. 의자의 우아한 자태와 자기밖에 모르는 철없는 재벌 3세가 어떻게 어울릴 수 있단 말인가, 하고 생각할 수 있지만 세상에 존재하는 어떤 명품이라도 손쉽게 살 수 있는 재벌이니 어울리는 조합인지도 모르죠. 그의 사무실에는 르 코르뷔지에의 셰즈 롱그도 있는데, 오히려 에그 체어가 악당의 사악한 이미지를 표현하는 데 더 적합한 것 같습니다. 어쨌든 분명한 것은 영화에서 '나쁜 놈'들은 늘 유명하고 값비싼 의자를 잘 알아보고 선택한다는 거예요. 그런 의자들은 가난하고 힘 없는 사람들을 시각적으로 위압할 수 있고요.

영화 〈베테랑〉에 등장하는 에그 체어.

알몸으로 의자에 앉기

한 때 가수 손담비의 '의자 춤'이 유행한 적이 있습니다. 그 때 손담비는 늘 같은 의자를 사용했는데 등받이가 둥글고 밑으로 갈수록 잘록해지는 형태의 플라스틱 의자였습니다. 바로 아르네 야콥센이 디자인한 시리즈 세븐의 모방품이죠. 이는 과거 영국에서 일어났던 한 사건을 패러디한 것이기도 합니다. 1963년 영국에서 정계를 발칵 뒤집은 스캔들이 터졌습니다. 크리스틴 킬러라는 매력적인 모델이 영국의 현직 국방 장관과 불륜 관계를 맺은 사건이었는데, 그녀가 런던에 거주하는 소련 대사관 직원과도 관계를 맺었다는 사실까지 밝혀졌거든요. 스캔들은 연일 신문을 장식했습니다. 그리고 이 시점에 루이스 몰리라는 사진가가 찍은 크리스틴 킬러의 누드 사진이 발표되었는데, 바로 그녀가 옷을 벗은 채로 의자 등받이에 팔을 얹고 있는 사진이었습니다. 사진 속 그녀의 벗은 몸을 가린 등받이는 분명 시리즈 세븐처럼 보이지만 자세히 보면 등받이 위쪽에 구멍이 나 있어 명백한 가짜임을 알 수 있습니다. 아르네 야콥센은 이 사진을 보고 매우 불쾌해했다고 하지만, 어쨌든 덕분에 시리즈 세븐의 명성 또한 높아졌습니다.

진짜 시리즈 세븐과 박물관에 기증된 크리스틴 킬러의 의자.

시리즈 세븐은 허리가 잘록해서 사람이 뒤로 돌아 다리를 벌리고 앉기에 딱 적합한데 사진가 루이스 몰리가 이 의자를 선택한 이유도 바로 그런 형태 때문이지 않을까요? 아무튼 이 사건 이후 알몸으로 다리를 벌린 채 의자에 앉은 자세는 섹슈얼한 포즈의 전형이 되었습니다. 물론 그 의자는 시리즈 세븐일 때 제 맛이 나지만. 이 스캔들은 영화와 연극으로도 다루어졌는데 다양한 홍보용 사진 역시 루이스 몰리가 연출한 사진을 모방했습니다. 1971년 10월호 〈플레이보이〉도 알몸의 모델이 의자에 앉아 있는 사진을 표지로 실었는데 의자 등받이가 플레이보이의 로고 모양이기는 하지만 세븐 체어의 변형임을 금방 알 수 있죠. 포즈 역시 그 원형을 크리스틴 킬러의 사진에 두고 있다는 걸 부인할 수 없고요. 영국의 걸 그룹 스파이스 걸스는 1998년 네덜란드 아른헴 공연에서 크리스틴 킬러를 모방한 포즈로 노래를 부르기도 했습니다.

이 밖에도 수많은 잡지 화보와 아마추어 사진가들의 작품에서 크리스틴 킬러의 포즈가 등장합니다. 덕분에 시리즈 세븐은 더욱 큰 명성을 더해가고 있죠. 루이스 몰리는 소품으로 썼던 의자와 비슷한 포즈를 연출한 당대 영국의 남녀 명사 사진을 영국 빅토리아 앤 알버트 박물관에 기증했습니다.

(왼쪽 위부터 시계 방향으로) 가짜 시리즈 세븐에 앉아 포즈를 취한 크리스틴 킬러. 1971년 10월호 〈플레이보이〉 표지. 2013년 연극 〈킬러〉의 홍보용 사진. 1989년 영화 〈스캔들〉 포스터.

최고 권력자의 의자는 역시 남다르다

최고 권력자의 의자에는 일관된 형식이 있는데, 바로 이집트의 파라오 의자에서부터 전해온 것이죠. 권력자의 후광 역할을 할 수 있게 등받이가 높고 넓으며 곧을 것, 또 장식을 할 수 있게 등받이가 막혀 있을 것. 이런 의자는 앉은 사람의 권위를 보여주는 게 목적이기 때문에 편안함 따위는 고려하지 않았습니다. 조선 시대 임금의 옥좌나 유럽의 권좌를 보면 좌석과 등받이가 직각이어서 무척 불편해 보이죠. 벨라스케스 Velazquez의 걸작 '교황 이노센트 10세'에서 교황이 앉은 의자는 바로크 시대 최고 권력자의 전형적인 의자입니다. 넓은 직사각형의 등받이와 붉은 천, 금속 프레임과 팔걸이가 교황의 위엄을 드높여주죠.

한편 윈스턴 처칠과 같은 유럽의 권력자들은 영국식 클럽 체어를 애용했어요. 클럽 체어 역시 권위적이긴 하지만 과거의 의자보다는 훨씬 푹신하고 편안하죠. 현대의 권력자들은 대체로 크고 무거우며 양감이 느껴지는 가죽 의자에 앉는 게 보통입니다. 미국 트루먼 대통령의 1950년대 집무실에 있던 의자는 권위와 실용 사이에서 타협을 한 듯한 형태인데, 그리 뛰어난 디자인은 아니죠.

벨라스케스가 그린 '교황 이노센트 10세'.

트루먼 대통령 집무실의 의자.

오바마 전 대통령의 집무실에 있는 의자도 별다르지 않은데, 그런 육중한 의자에 앉은 대통령은 권위적으로 보일지는 몰라도 친근하고 스마트하면서 세련된 이미지를 주지는 못해요. 반면 존 F. 케네디가 미국 대선에 출마했을 때 한 TV 토론 프로그램에서 사용한 의자는 이와 대조적이죠. 한스 웨그너가 디자인한 라운드 체어였는데, 면보다는 선이 강조된 의자입니다. 단순하고 멋을 전혀 부리지 않은 것 같으면서도 세련되기 때문에 따뜻한 인상을 주는 디자인이죠. 케네디 후보가 앉은 이후 '케네디 의자'라는 영광스러운 별칭까지 얻었다는군요. 케네디의 이미지와 잘 어울렸던 셈이죠. 사실 이 의자에는 당시 상대 후보였던 닉슨도 앉았지만, 아무도 이 의자를 '닉슨 의자'라고 부르지는 않아요.

1960년 미국 대선 당시 라운드 체어에 앉은 케네디 후보와 닉슨 후보.

친근한 대통령의 이미지를 만든 의자 중에는 루즈벨트의 휠체어도 있죠. 그는 39살에 소아마비를 앓은 후 죽을 때까지 다리를 쓰지 못했는데, 대통령 직무 기간 중에는 이 사실을 철저히 숨겼습니다. 대중 앞에 나설 일이 있을 때는 바지 안에 쇠로 만든 버팀대를 넣고 한 손은 지팡이에, 다른 손은 보좌관의 팔에 의지한 채 간신히 서 있었다고 하네요. 특히 휠체어에 앉은 모습을 절대 노출시키지 않으려 했기에 그가 휠체어에 앉아 있는 사진은 딱 3장만 존재합니다. 그 중에서 친구의 딸과 함께 찍은 사진이 가장 유명한데, 사진 속의 자상해 보이는 모습은 그의 친근한 이미지를 만드는 데 큰 역할을 했죠. 루즈벨트가 앉은 휠체어는 자신이 직접 디자인한 것이라고 합니다. 그는 등받이가 높은 휠체어를 싫어해 보통의 실내 의자에 바퀴를 결합한 형태의 휠체어를 만들었죠. 기계적이고 산업적인 느낌의 금속 바퀴와 부드러운 나무로 만든 등받이, 좌석, 발판이 썩 잘 어울리진 않지만 겸손한 이미지를 만들어 줍니다.

루즈벨트 대통령이 직접 디자인한 휠체어(아래)와 그가 앉아 있는 모습(위).

참으로 가혹한 의자들

의자는 고통의 상징이기도 합니다. 앉은 의자가 내게 고통과 긴장, 스트레스를 준다면 박차고 일어나는 것이 정상이죠. 하지만 의자, 즉 권력이나 책임으로부터 벗어나기란 말처럼 쉬운 일은 아니잖아요.

정신적 고통이 아니라 물리적 고통을 주기 위해 태어난 의자도 있답니다. 그러다가 아예 영원히 삶과 작별하도록 강제하는 의자도 있고요. 안톤 체호프의 단편 소설 〈관리의 죽음〉에 등장하는 의자가 바로 그런 경우예요. 주인공인 하급 관리는 예기치 않게 장관에게 실수를 저지른 이후 걱정이 된 나머지 끊임없이 사과하죠. 거듭되는 사과에 짜증이 난 장관이 화를 버럭 내자 관리는 집으로 돌아와 의자에 앉아 죽고 말아요. 마음을 가누지 못해 제복도 벗지 못한 채 의자에서 생을 마감한 거죠. 침대가 아닌 의자에 앉아 맞이하는 죽음은 준비되지 않은 죽음, 자신이 죽는 줄도 모른 채 맞이하는 뜻밖의 사건을 상징합니다. 영화 〈대부 2〉에서 시실리의 마피아 두목이 돈 콜레오네에게 의자에 앉은 채 살해당하는 장면, 꽤 유명하죠? 노년에 따뜻한 햇살을 받으며 의자에 앉아 졸다가 과거에 저지른 죄의 대가를 받은 것이죠.

1974년 작 <대부 2>에서는 늙은 마피아 두목이 의자에 앉아 비참하게 삶을 마감한다.

조선 시대에는 극단적으로 다른 두 종류의 의자만 존재했어요. 하나는 임금이나 관리를 위한 권력의 의자, 다른 하나는 고문을 위한 실용적인 의자. 조선 시대 고문 중 하나인 주리 틀기를 하려면 죄인을 의자에 앉혀야 했는데, 아마 이때 처음 의자에 앉아본 사람도 여럿이었을 겁니다. 김윤보의 《형정도첩》은 이렇게 의자에 앉아 형벌을 받는 죄인을 묘사한 그림을 싣고 있죠.

고문용 의자보다 더욱 끔찍한 건 살인용 전기 의자입니다. 미국에서 발명된 전기 의자는 사실 에디슨이 국가 표준으로 추진하던 직류 시스템의 안전성을 홍보하려고 만든 것이라는군요. 1890년 처음 사형 집행용으로 쓰기 시작한 전기 의자는 이후 1976년까지 무려 80여 년간 사용됐죠. 가끔 실수로 저압의 전기를 흘려 보내 죄수가 죽지 않고 고통만 당하는 경우도 있었다고 합니다. 2005년 작 할리우드 영화 〈씬 시티〉에는 초인 같은 괴력을 지닌 남자가 전기 의자의 모진 충격에도 죽지 않은 채 "겨우 이 정도야?"라고 말하는 장면이 등장하죠. 1999년 작 〈그린 마일〉에서는 한 사형수가 형장으로 입장하는 장면부터 자세히 묘사하는데, 간수의 계략으로 엄청난 전기 충격에도 좀처럼 죽지 않다가 결국 머리와 몸이 불에 타버리고 맙니다. 이처럼 의자는 영광과 치욕, 안락과 고통이 함께 하는 아이러니한 물건입니다.

김윤보의 《형정도첩》에 묘사된 의자에 앉아 벌을 받는 죄인.

'최후의 만찬' 속 의자

레오나르도 다빈치의 '최후의 만찬'은 서양 미술사의 최고 걸작이죠. 하지만 이 그림은 실제 예수의 최후의 만찬을 사실적으로 묘사하지는 못했어요. 그 이후로도 서양 회화들에서 묘사한 최후의 만찬은 거의 모두 서양식 만찬이지 유대인 예수가 누린 유대식 풍습과는 거리가 멀어요. 예수가 최후의 만찬을 가진 것은 유대인의 가장 중요한 기념일인 유월절 잔치였는데 유대인들은 이때 트리클리니아Triclinia 소파를 사용했다고 해요. 손님들은 ㄷ자 모양의 이 소파에 기대거나 눕고 엎드려 음식을 먹었는데 이런 풍습은 이집트 귀족의 식사 방식을 물려받은 것이고요. 유대인들이 이집트인의 노예일 때 봤던 주인들의 식사 풍습은 곧 자유를 상징했을 겁니다. 유월절이 노예 신분에서 풀려난 것을 기념하는 잔치인 만큼 이집트식 소파에 앉아 한껏 풀어진 자세로 음식을 먹는 것은 자유를 만끽하는 행위였던 거죠. 이 '트리클리니움식 최후의 만찬 Triclinium Last Supper'은 르네상스 시대에는 이미 사라진 풍습이었어요. 따라서 레오나르도 다빈치는 자연스럽게 당시 이탈리아인들의 방식대로 테이블과 의자에서 치르는 만찬을 표현했던 겁니다.

1497년 레오나르도 다빈치 '최후의 만찬'

다빈치의 최후의 만찬은 현대 회화와 광고, 영화에서 수없이 패러디되었습니다. 이로 인해 다빈치식 최후의 만찬에 등장한 의자와 테이블은 많은 사람들의 머릿속에 각인되었죠. 하지만 트리클리니움식 최후의 만찬을 꽤 사실적으로 그린 그림이 아주 없지는 않아요. 니콜라 푸생Nicolas Poussin의 '최후의 만찬'에서 제자들은 ㄷ자 모양의 트리클리니아 소파에 앉아 예수의 설교를 듣고 있어요. 심지어 예수의 무릎에 기댄 제자도 있는데, 이런 모습은 우리에게 낯설지만 사실에는 더 가까울 겁니다.

유대인의 만찬 풍습을 꽤 사실적으로 묘사한 니콜라 푸생의 '최후의 만찬'. 1640년대 작품이다.

에필로그

1994년, 대학 졸업 뒤 첫 직장인 디자인하우스 월간 〈미술공예〉 편집부에 입사했다. 잡지사 편집부라는 곳에서 사회생활의 첫 발을 내디딘 것이다. 대학에서 미술 이론을 전공했지만, 디자인이라는 분야는 생소했다.

그런 나에게 편집실의 포스터가 눈길을 끌었다. 지금 돌이켜보면 그것은 비트라 뮤지엄이 제작한 의자 포스터였다. 당시에 의자 정보에 대한 관심은 많지 않았고, 대신 그 포스터에 실린 각종 의자들에 매료되었다. 의자들은 비슷한 것이 하나도 없었다. 구조와 형태는 물론 재료와 색상이 각양각색이었다. 그 의자들을 보면서 나는 디자인 세계에 처음 입문한 셈이다.

나는 가끔씩 그 포스터 앞에서 오랫동안 의자들을 관찰했다. '이것이야말로 디자인의 세계구나!' 막연하게 그런 생각을 하기도 했다. 만약 '디자인의 꽃' 같은 것이 있다면 그건 당연히 의자여야 한다고 생각했다. 물론 다른 분야의 디자인이 중요하지 않다는 이야기는 아니다. 디자인 책에서 지겹도록 언급하는 '기능적이면서도 아름다운 사물'의 본보기가 있다면 의자라고 여겼던 것이다.

〈디자인〉지 기자로 그래픽, 광고, 영상, 제품, 공예, 환경, 건축 등 정말 다양한 분야의 디자인을 취재하면서도 의자에 대한 관심은 놓지 않았다. 하지만 1990년대 중반만 해도 국내에는 의자에 대한 정보가 별로 없었다. 의자만을 다룬 단행본조차 없었다. 물론 지금도 별로 달라진 건 없다. 아무튼 정보 부족으로, 또 바쁘다 보니 의자를 깊이 있게 공부할 여건이 안 되었던 것이다. 그러다 2006년에 서울시립미술관에서 〈위대한 의자, 20세기의 디자인 100 Years, 100 Chairs〉전이 개최되었다. 나는 이 전시회 개최에 무척 고무되었다. 전시를 기획한 회사와 만나 홍보 후원을 약속하기도 했다. 전시를 보면서 내가 그동안 쌓아온 의자에 관한 지식이 보잘것없다는 사실도 확인했다.

내 기대와는 달리 전시는 흥행에 실패했다. 한국인들의 의자에 대한 관심은 21세기에도 크게 달라지지 않은 것 같았다. 하지만 그 전시회를 계기로 나는 의자에 대한 정보와 지식을 조금씩 쌓아갔다.

2011년에 월간 〈디자인〉을 퇴사한 뒤 디자인 칼럼니스트라는 타이틀로 강의하고 글 쓰며 먹고 살게 된 뒤부터 의자에 대한 자료를 모으고 공부했다. 그 결과를 2014년부터 2015년까지 월간 〈디자인〉에 '교양 의자'라는 칼럼으로 연재했다. 그 글을 모으고 다듬고 추린 것이 이 책이다.
초등학교에 다니는 아들에게 "아빠가 의자 관련 책을 낸다"고 하니까 아들이 "의자 책이 팔리겠어?"라고 응수한다. 속으로 '참 너는 현실적이어서 나보다는 잘 살겠구나' 싶었다. 디자인이라는 분야 자체는 대중적이지 않다. 그 중에서도 의자는 더욱더 대중적이지 않다. 한국인이 관심을 갖는 디자인 분야는 옷, 스마트폰, 자동차처럼 주로 밖으로 가지고 다니는 물건에 집중돼 있었다. 하지만 최근 가정의 중요성이 커지면서 가구에 대한 관심도 무척 높아졌다. 특히 북유럽 디자인 바람이 불면서 의자와 조명에 대한 대중의 안목이 높아졌다. 임스나 웨그너, 야콥센 같은 디자이너의 이름을 대면서 그들이 디자인한 의자를 소유하고 싶어하는 사람도 많아졌다. 이 책은 이렇게 가구에 대해 관심을 갖는 분, 집이나 카페의 인테리어를 새롭게 디자인하고 싶어 하는 분에게 권하고 싶다.
의자는 현대 디자인 역사에서 반드시 언급되는 분야다. 바로크, 로코코, 신고전주의, 예술공예운동, 아르누보, 모더니즘,

팝 디자인, 안티 디자인, 포스트모더니즘 등 모든 디자인 양식사에서 그 양식을 대표하는 상징적 오브제로 반드시 등장한다. 따라서 순수하게, 그러니까 어떤 목적 의식 없이 그냥 심심풀이, 또는 지적 호기심으로 디자인에 관심을 갖는 분도 이 의자 책에서 작은 도움을 얻을 수 있을 것이다. 의자는 현대인에게는 없어서는 안 될 물건이고 상징성이 강하며 사람이 만들어낸 것 중 대단히 창의적인 노동의 산물이다. 그래서 의자는 참 재미있다.

참고 문헌

《1000 chairs》, Charlotte & Peter Fiell, Taschen, 2013

《Scandinavian Design》, Charlotte & Peter Fiell, Taschen, 2013

《Furniture》, Judith Miller, DK, 2005

《Phaidon Design Classics 1,2,3》, Editors of Phaidon Press, Phaidon,

《의자》, 갤런 크렌츠 지음, 지호, 1998

《의자와 함께한 20세기 디자인》, 알렉산더 폰 페게작 지음, 로렌스 제프리스, 2006

《사물의 역습》, 에드워드 테너 지음, 오늘의책, 2011

《디자인의 역사》, 페니 스파크 지음, 예경, 2004

《20세기 인테리어 디자인》, 앤 매시 지음, 시공아트, 1998

《1945년 이후의 디자인》, 피터 도머 지음, 시각과언어, 1995

《귀족의 은밀한 사생활》, 이지은 지음, 지안, 2006

《의자의 재발견》, 김상규 지음, 세미콜론, 2011

**당신이 앉은
그 의자의 비밀**

김신 지음

1판 2쇄 발행 2020년 11월 12일

펴낸이	이영혜
펴낸곳	디자인하우스
	서울시 중구 동호로 272 디자인하우스 우편번호 04617

대표전화	(02) 2275-6151
영업부직통	(02) 2263-6900
홈페이지	www.designhouse.co.kr
등록	1977년 8월 19일, 제2-208호

책임편집	박은영
디자인	디자인작업실 크로싱

영업부	문상식, 소은주
제작부	민나영

디자인하우스 기획사업본부
본부장   박동수

출력·인쇄   ㈜대한프린테크

ISBN 978-89-7041-721-9 (13590)
가격 16,000원

이 책은 ㈜디자인하우스의 콘텐츠로 출간되었으므로
이 책에 실린 내용의 무단 전재와 무단 복제를 금합니다.
㈜디자인하우스는 김영철 변호사·변리사(법무법인 케이씨엘)의 자문을 받고 있습니다.